NGER'S BAGGAGE

nd poisonous);
teries);

eating fuels, n

nd peroxides)

JN142024

ed material, offensive or irritating

nes at which you are requested to

of a passenger.
carrier may cancel the reservation.

RT	
시간	TIME

FNJ
PYONGYANG

JS No 034544

조선민항
CHOSONMINHANG

NAME OF PASSENG

ISO

1

1

X/O

FROM

BE

TO

PY

FARE

USD

TAX

조선민주주의인민공
중앙은행
2002
2765625
50

KOREAN PENINSULA ENERGY DEVELOPMENT ORGANIZATION
케 도

CERTIFICATE
증 명 서

[redacted]
CERTIFICATE NO./ 증명서번호

ISOZAKI
SURNAME/ 성

ATSUHITO
GIVEN NAME/ 이름

MALE/ 남
SEX/ 성별

[redacted]
DATE OF BIRTH/ 생년월일

JAPAN/ 일본
NATIONALITY/ 국적

[redacted]
DATE OF ISSUE/ 발급일

[redacted]
DATE OF EXPIRATION/ 기간만료일

MEMBER OF KEDO DELEGATIO
CATEGORY/ 유형 **케도 대표단 인**

The Executive Director of KEDO hereby requests all whom it may concern to permit the holder of this KEDO Certificate to pass without delay or hindrance and in case of need to give all due aid and protection.

본 케도 증명서 소지인이 지장을
받지 않고 지체없이 통행할 수
있도록 하고, 필요한 경우
모든 편의 및 보호를 베풀어 주
관계자 여러분께 요청합니다.
케도 사무총장

礒崎 敦仁

SIGNATURE OF BEARER / 소지인의 서명

北朝鮮と観光

礒﨑敦仁
ISOZAKI ATSUHITO

毎日新聞出版

TOURISM IN NORTH KOREA

120 4100 0050 25

AIRLINE FORM SERIAL NUMBER

FROM/TO	CARRIER	FARE CALCULATION
BJS		
TKJ		
—		

AGENT DATE AND PLACE

FROM/TO	CARRIER	F

FARE

)F PAYMENT

観光客向けに土産物を売る店が増えた。民族衣装のほか人民服も販売して北朝鮮マニアの欲求を満たしている

平壌でも通信網の整備が始まっている。一部ホテルでは有料ながらwifiも使えるが、接続状態は悪く、韓国のウェブサイトに接続するのは厳禁

平壌「科学技術殿堂」内のゲームコーナー。子供たちが遊んでいるのは「米帝侵略者どもを掃滅せよ」という名のゲーム

平壌空港内のコーヒーショップ。味は本格的だが、庶民が手を出せる価格ではない

日本でも都市部を中心に普及しはじめたサイクルシェアリングだが、平壌でも２０１７年から部分的に導入され、観光ツアーに利用される

平壌市内の大学を訪問したところ、停電が発生し、せっかくのパソコンが使えない

元山港で、金管楽器の練習をしている学生。日本海に面した元山は、北朝鮮の地方都市の中では余裕のある印象

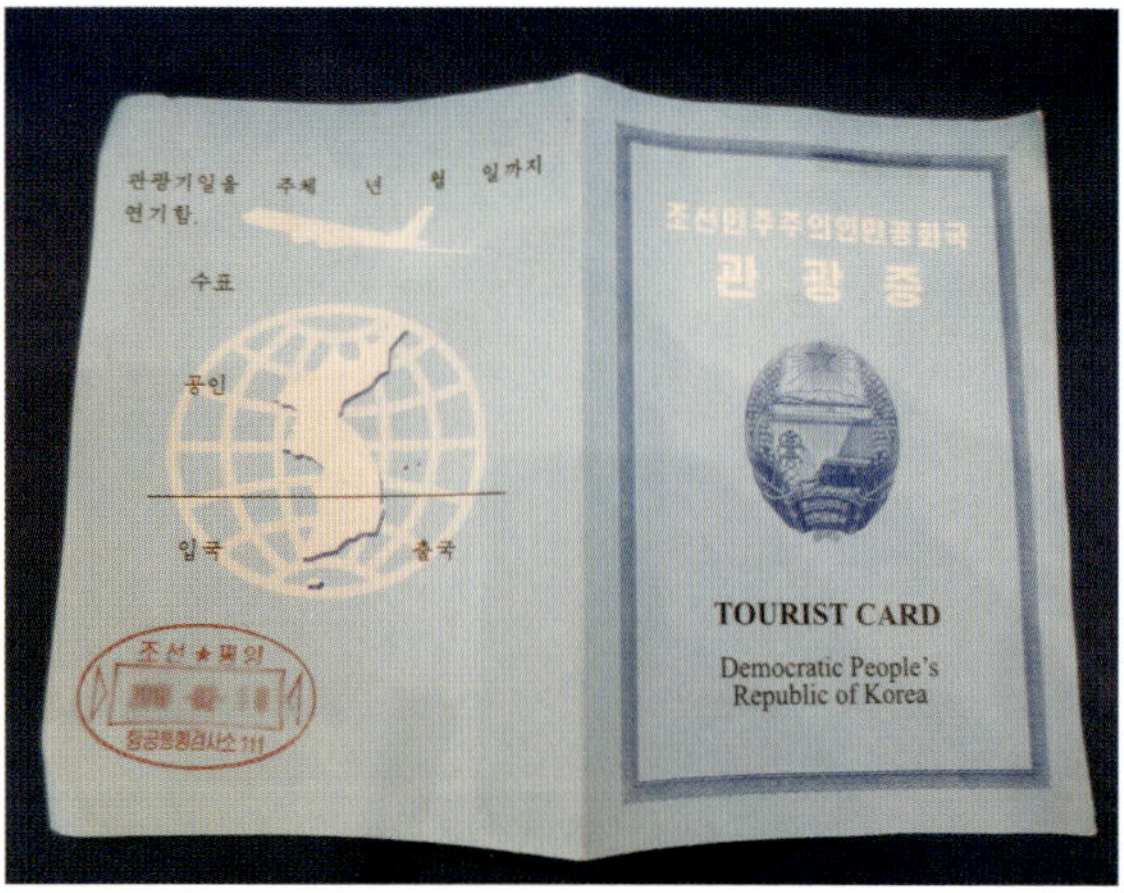

北朝鮮に入国する際に必要な観光査証。出国時に回収されるため、パスポートには北朝鮮のスタンプは残らない

平壌中心部の外貨カフェのメニューは、中国のものとデザインが似ている。これらを楽しむ富裕層が出てきた一方で、格差は確実に広がっている

平壌中心部にあるハンバーガーショップのメニュー。北朝鮮ではかつてハンバーガーではなく「肉はさみパン」と呼称していた

キャッシュレス決済対応端末が平壌にも。外貨換算のプリペイドカードで観光客には便利。但し、停電で使えないことも

昨今では世界中どこでも中国人観光客の姿を見かけるが、北朝鮮では特に目立つ。レストランの雰囲気も中国からの影響が見られる

北朝鮮特産の酒類。左からブルーベリー酒、赤ワイン、マツタケ焼酎、白ワイン。かつてよりも種類が増えている

金正恩政権下では科学技術重視の方針が明確で、情報教育に力を入れている。しかし、海外の情報に接する機会はきわめて限定的

平壌で食べられる納豆巻き。北朝鮮では納豆の国産化に向けた取り組みが始まっている

モデル工場の一つである「平壌子供食品工場」での豆乳の生産風景。最高指導者の指示で子供たちに重要なたんぱく源を供給しようとしている

平壌には数か所のイタリアンレストランが。外国人のみならず、外貨を持つ一部の富裕層は消費文化を楽しむことができる

はじめに

朝鮮民主主義人民共和国（以下、北朝鮮）をとりまく情勢が急展開している。

核・ミサイル実験を続けてきた金正恩《キムジョンウン》政権は、二〇一七年一一月に「国家核武力の完成」を宣言し、翌年初めには一転して外交攻勢に出る。政権発足以来六年以上にわたって外遊を控えてきた金正恩国務委員長が、二〇一八年三月からわずか一年足らずの間に、中国の習近平国家主席と四回、韓国の文在寅《ムンジェイン》大統領と三回、そして長年「米帝（アメリカ帝国主義）」と呼んで罵詈雑言を浴びせてきた米国のトランプ大統領と二回の首脳会談を実現させた。

その先に何があるのかはまだ見えてこないが、日本では北朝鮮の「完全な非核化」に対して否定的な見方が支配している。北が核を放棄するなどありえない、というものである。それは、拉致、核、ミサイルという三つの懸念によって、わが国における対北朝鮮イメージが極度に悪化し、不信感が定着したことによる。

筆者は北朝鮮政治、とりわけ金正日《キムジョンイル》政権期の政治体制に関心を持ち、朝鮮労働党中央委員会機関紙『労働新聞』の分析にこだわり、同国の論理がいかなるものであるか、その解明に努めてきた。

しかし、資料的制約が大きく、事実関係の確認すら困難なことも多い北朝鮮を研究対象とするのは容易なことではなかった。そのような中で観光は、多様な資料を入手しやすい数少ない分野の一つであった。平壌《ピョンヤン》で発行される刊行物のほか、北朝鮮観光に関するニュースも多い。渡航には事前の申請が必須であり、現地では個人行動に制限がかかるという特殊性を持っているものの、北朝鮮は、外国人観光客を積極的に受け入れてきた経緯がある。その理由は、第一に体制宣伝、第二に外貨獲得にあると考えられる。

このことを実証するために、筆者は、北朝鮮観光に関する資料を収集し、それらを検証しながらいくつかの論考を公刊してきた。二〇一八年に入り、金正恩委員長が「経済建設と核武力建設の並進路線」の終結を宣言し、経済に総力を集中するとしつつ、観光業も重視していることに鑑み、これまで書き留めてきた原稿を再整理し、大幅に加筆修正して世に問うことにした。

北朝鮮ツアーのパンフレットや関連文献は、一九九〇年頃から収集し始めた。当時はそのようなパンフレットが貴重な情報源だったが、現在では北朝鮮観光に関する情報がインターネット上に溢れている。しかし、個人や旅行会社の発信する内容をもとに、それらを総括して、北朝鮮観光の実態が正面から論じられることは稀である。言語面から参入障壁が低く、北朝鮮研究が進んでいる韓国においても、観光分野について包括的な理解を得られる研究成果は少ない。

近年、わが国における観光研究は、入門書・概説書の整備が進み、「観光学」としての発展も目覚ましいが、北朝鮮は隣国であるにもかかわらず訪問者数が極端に少ないこともあって、触れられることすらない状況が続いている[※1]。

本書は、日本人観光客の受け入れが始まった一九八七年以降、とりわけ金正日政権期（一九九四〜二〇一一年）と金正恩政権初期（二〇一一〜二〇一九年六月の脱稿時）の北朝鮮観光がいかなるものであったかを、主に日本と北朝鮮で公刊された多様な資料によって描くことを目的とする。

序章では、北朝鮮観光を読み解くうえでの基礎知識を最近の情勢を概観する形で提供する。第一章では、北朝鮮観光がいかなる特徴を持っているのか、主にパンフレットから概要を示す。第二章では、北朝鮮がいかなる観光戦略を持っているのか、北朝鮮メディアの論調をもとに、金正恩政権に入ってからの新たな状況を踏まえて考察する。第三章では、北朝鮮がいかに日本人観光客を受け入れてきたかについて論ずる。その開始と中断の経緯を振り返ることは、北朝鮮観光の意義と限界を考え直す材料となる。第四章では、北朝鮮による韓国人観光客受け入れについて、とりわけ開城《ケソン》観光を例に検証する。第五章では、各国で発行されたガイドブックが北朝鮮をいかに描いているかを読みとく。第六章では、旅行記が北朝鮮をいかに叙述してきたかを整理することで、日本社会における対北朝鮮イメージの変遷をたどる。半世紀の間に、極端なプラスイメージから極端なマイナスイメージに転じた様が見て取れる。

二〇一九年六月
礒崎敦仁

※1　例えば、日本観光研究学会が『観光学全集』の発刊を続けており、第一巻に当たる溝尾良隆編著『観光学の基礎』（原書房、二〇〇九年）では観光研究の全体像を概観することができるが、北朝鮮については触れられていない。

・主要観光地間の移動距離・時間

車での移動経路	移動距離	時間
平壌市内⇔平壌国際空港	24km	25分
平壌⇔妙香山	152km	1時間40分
平壌⇔元山	200km	3時間30分
元山⇔金剛山	100km	1時間30分
平壌⇔開城	168km	2時間20分
開城⇔板門店	8km	15分
平壌⇔龍岡温泉	70km	1時間20分
飛行機での移動経路	移動距離	時間
平壌⇔白頭山（三池淵）	385km	1時間30分
平壌⇔七宝山（漁郎）	300km	1時間
平壌⇔元山（葛麻）	200km	40分
鉄道での移動経路	移動距離	時間
平壌⇔新義州	280km	5時間20分

出典：中外旅行社パンフレット「朝鮮の旅」、14頁を一部加筆修正

・平壌への航空便（2019年5月現在）

北京	高麗航空（JS） 中国国際航空（CA）	週5便 週3便
瀋陽	高麗航空	週2便
ウラジオストク	高麗航空	週2便

※大連や上海から高麗航空のチャーター便が運航する時期もある。

北朝鮮観光地図

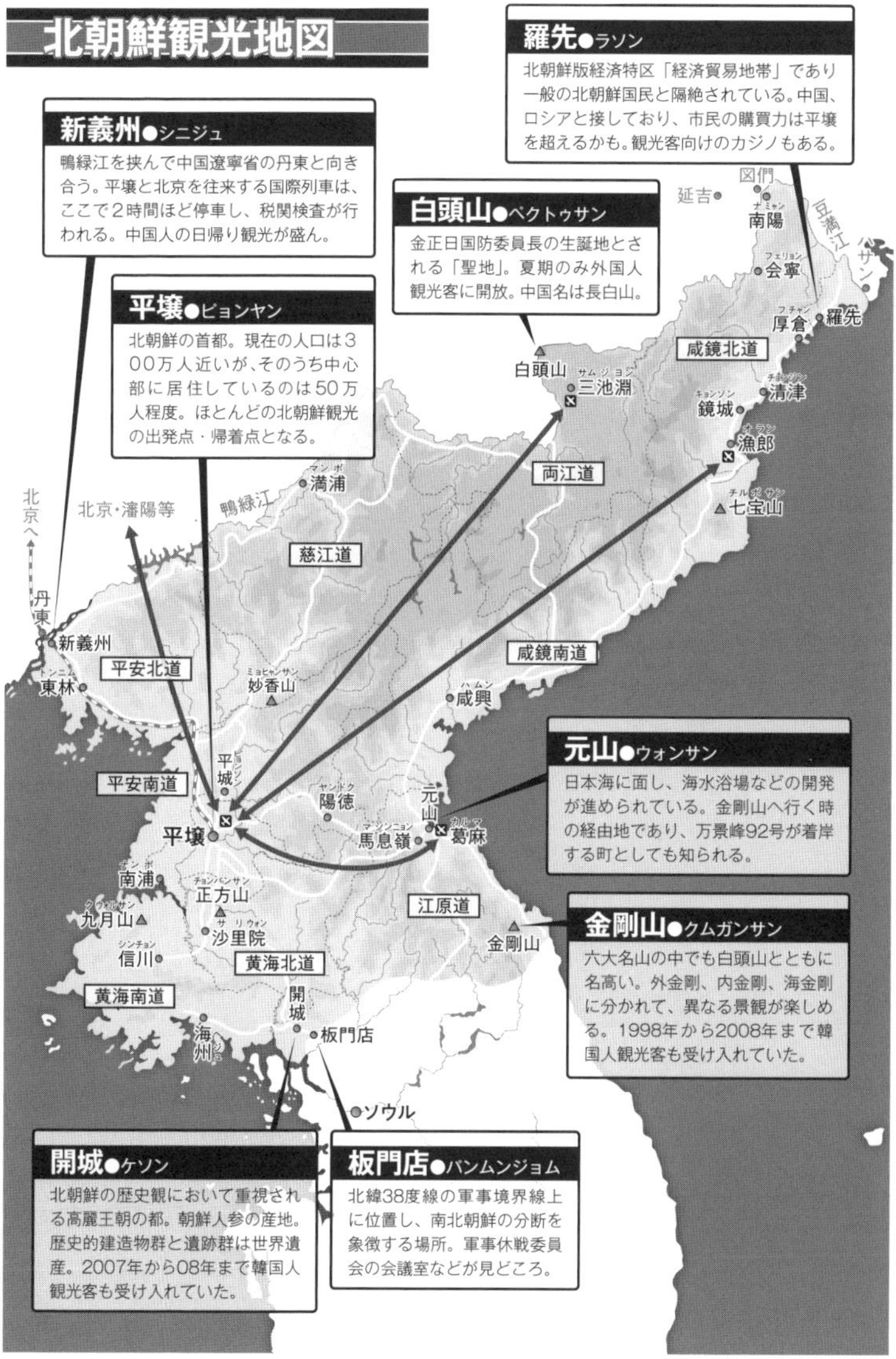
羅先●ラソン
北朝鮮版経済特区「経済貿易地帯」であり一般の北朝鮮国民と隔絶されている。中国、ロシアと接しており、市民の購買力は平壌を超えるかも。観光客向けのカジノもある。
新義州●シニジュ
鴨緑江を挟んで中国遼寧省の丹東と向き合う。平壌と北京を往来する国際列車は、ここで2時間ほど停車し、税関検査が行われる。中国人の日帰り観光が盛ん。
白頭山●ペクトゥサン
金正日国防委員長の生誕地とされる「聖地」。夏期のみ外国人観光客に開放。中国名は長白山。
平壌●ピョンヤン
北朝鮮の首都。現在の人口は300万人近いが、そのうち中心部に居住しているのは50万人程度。ほとんどの北朝鮮観光の出発点・帰着点となる。
元山●ウォンサン
日本海に面し、海水浴場などの開発が進められている。金剛山へ行く時の経由地であり、万景峰92号が着岸する町としても知られる。
金剛山●クムガンサン
六大名山の中でも白頭山とともに名高い。外金剛、内金剛、海金剛に分かれて、異なる景観が楽しめる。1998年から2008年まで韓国人観光客も受け入れていた。
開城●ケソン
北朝鮮の歴史観において重視される高麗王朝の都。朝鮮人参の産地。歴史的建造物群と遺跡群は世界遺産。2007年から08年まで韓国人観光客も受け入れていた。
板門店●パンムンジョム
北緯38度線の軍事境界線上に位置し、南北朝鮮の分断を象徴する場所。軍事休戦委員会の会議室などが見どころ。
図們
延吉
南陽《ナミャン》
豆満江
ハサン
会寧《フェリョン》
厚倉《フチャン》
羅先
咸鏡北道
白頭山
三池淵《サムジヨン》
清津《チョンジン》
鏡城《キョンソン》
漁郎《オラン》
両江道
七宝山《チルボサン》
満浦《マンポ》
鴨緑江
北京へ
北京・瀋陽等
慈江道
丹東
新義州
咸鏡南道
平安北道
東林《トンニム》
妙香山《ミョヒャンサン》
咸興《ハムン》
平城《ピョンソン》
平安南道
陽徳《ヤンドク》
元山
平壌
馬息嶺《マシンニョン》
葛麻《カルマ》
南浦《ナンポ》
正方山《チョンバンサン》
江原道
九月山《クウォルサン》
沙里院《サリウォン》
金剛山
信川《シンチョン》
黄海北道
黄海南道
開城
板門店
海州
ソウル

第三章 北朝鮮観光史——一九八七～二〇一九 111

協力　共同通信社
装丁　秦 浩司(hatagram)
DTP　明昌堂
校閲　小栗一夫

パリより10m高い凱旋門

序章

北朝鮮を読み解くための基礎知識

北朝鮮のイメージは世界共通ではない

北朝鮮観光の本をお読みいただくにあたり、唐突ながらインドの話に触れておきたい。インドは事実上の核兵器国（核保有国）であるが、国連安全保障理事会の常任理事国でないインドが核保有に至る過程は、一筋縄ではいかないものであった。ＮＰＴ（核拡散防止条約）が米露英仏中の五カ国を「核兵器国」と定め、「核兵器国」以外が核兵器を所有することを禁じているからである。

インドも北朝鮮と同様、周辺国の反対を押し切って核実験やミサイル実験を行ってきたが、インドの核保有に対する反対運動やメディアのバッシングは、日本では全国的且つ継続的には行われてはいない。一方、北朝鮮が核実験や弾道ミサイル実験を強行した場合、日本では政府、世論ともに激しい反発がある。核開発を行い、核保有に至ったという点では、インドと北朝鮮の行動は同じであるが、わが国での反応はこれほど異なったものとなる。

なぜこのような現象が起きるかをざっくりと説明するならば、インドは日本の友好国だが、北朝鮮はそうではないからである。インドの核ミサイルが日本を狙って発射されると考える日本人はまずいない。

北朝鮮問題を考えるには、「地球儀を俯瞰する」視点が必要だということが、このインドの核開発の例から分かるのである。インドの核開発が日本国民全体として大きな問題と認識されないのと同様に、わが国にとって重大な懸案となっている北朝鮮の核・ミサイル開発や拉致問題は、北東アジアから距離を置く多くの国々にとっては些細な問題でしかない。外交における優先順位は各国で異なっているということである。

日本の報道だけを見ていると気付きづらいが、日本が北朝鮮に対して持っている懸念を、他国と共有するのはきわめて難しいという現状がある。日本社会と同水準で北朝鮮に対するマイナス感情を持っている国は、他には存在しないということを、念頭に置いて議論する必要がある。

「日米韓の連携」が叫ばれつつも、韓国との間でさえ北朝鮮問題への対応策を共有するのは難しい。二〇年前、三〇年前の韓国は、北朝鮮を吸収統一するという考え方が強く、北朝鮮はそれに猛反発していた。だがその韓国は、北朝鮮の体制が七〇年間も継続している以上、平和的に共存するしかない、という現実的なスタンスに歩み寄っている。異質の体制であることを認め、とにかく戦争だけは回避したいと北朝鮮に歩み寄り、統一は事実上後回しにして「平和共存」を優先する、というのが文在寅《ムンジェイン》政権の方針である。米朝が二回も首脳会談をするまで「最大限の圧力」を声高に訴え、対話を拒み続けた日本とは、やり方がまったく異なっていた。

対北朝鮮観を米国と共有するのも、また困難と言わざるを得ない。米国が「アメリカファースト」であるのは、なにもトランプ政権に限った話ではない。日本は、少なくとも一九九〇年代から一貫して、拉致問題やミサイル問題で米国に協力を求めてきたが、ワシントンが米朝首脳会談を実現させるほど本腰を入れて北朝鮮問題に取り組んだことは、トランプ政権まで一度たりともなかった。

その米国が初めて北朝鮮と真剣に向き合ったのは、あくまでも北朝鮮が開発中のＩＣＢＭ（大陸間弾道ミサイル）がワシントンに到達する可能性を認識したからであり、日本が持っているような北朝鮮に対する国民感情は、米国には存在しない。

ゆえに、米国と北朝鮮は、当面の懸案さえ解決できれば、国交正常化までとんとん拍子に進んでしま

表１　北朝鮮（朝鮮民主主義人民共和国）の概要

面積	12万3214平方キロメートル（朝鮮半島全体の55％、日本の33％）
人口	2503万人（2015年）
首都	平壌（ピョンヤン）
民族	朝鮮民族
言語	朝鮮語
基本政策（政治）	主体思想と先軍思想を「指導的指針」とし、「朝鮮労働党の指導の下にすべての活動を行う」。
基本政策（経済）	生産手段を国家と共同団体が所有する社会主義的な所有制度と、自力更正を標榜する中央集権的な計画経済制度を基にしている。2002年7月以降、一部に市場経済的手法を導入。2010年以降、対中貿易が大幅に増加。2013年からの「並進路線」、2018年からの「新たな戦略的路線」でも経済建設に重点。
政党	朝鮮労働党（党員約300万人、機関紙『労働新聞』、機関誌『勤労者』）、衛星政党の朝鮮社会民主党、天道教青友党も最高人民会議に議席を持つ。
一人当たり所得	約13万円（1214ドル・2017年現在で北朝鮮の社会科学院経済研究所公表、139万韓国ウォン・2015年韓国銀行推計）
主要貿易相手国	中国（49.9億ドル）、インド（0.9億ドル）、ロシア（0.8億ドル）（2017年）
為替レート	１米ドル＝8,000ウォン（実勢レート）＝105ウォン（公定レート） （参考）2018年11月現在の為替レート 実勢　公定 1米ドル　8150ウォン　105.56ウォン 1ユーロ　9260ウォン　119.99ウォン 1円　69ウォン　0.916ウォン 1人民元　1205ウォン　15.21ウォン
軍事支出	不明（2019年の「国防費」は「国家予算歳出総額」の15.8％を占めると発表。例年同水準で推移）
兵力	陸軍102万、海軍６万、空軍11万（ミリタリーバランス推定値）
核・ミサイル開発	2006年10月、2009年5月、2013年2月、2016年1月、9月、2017年9月に核実験を実施。2012年4月に改正された憲法には、自らが「核保有国」であると明記。2017年にはICBM（大陸間弾道ミサイル）を3回発射実験。

出典：外務省ホームページ、『朝鮮中央年鑑』等をもとに作成

う可能性を孕んでいる。ただ、二〇一九年六月現在、米朝ともに譲らない姿勢を崩しておらず、前途は容易ではない。

いずれにせよ、日本が主導して日米韓、さらには国際社会が連携して北朝鮮に「最大限の圧力」をかけることには自ずと限界があったということである。

ソ連の寿命を超えた北朝鮮の体制

北朝鮮は長年にわたって「崩壊する」と言われながら、二〇一八年九月にはついに建国七〇周年を迎えた。六九年間の歴史で幕を閉じたソ連よりも、長い寿命を保っていることになる。冷戦が終結したのは今から三〇年近く前で、その頃から既に北朝鮮崩壊論が唱え続けられてきたにもかかわらずである。大量の餓死者が発生したといわれる一九九〇年代の「苦難の行軍」も乗り越えた。

厳しい経済制裁を課せられてもなお、金《キム》日《イル》成《ソン》主席、金正日国防委員長、金正恩国務委員長の三代にわたる統治によって盤石な体制が維持されてきたことを、軽く見るべきではない。[※1] 突発的な変化の可能性はゼロでないにせよ、現段階において崩壊論は希望的観測に過ぎない。

アクセスできる情報に制限のある体制を分析するのは難しく、北朝鮮研究は「ジグソーパズル」のようだとの指摘がある。[※2] 地域研究で王道であるはずのフィールドワークも分野によっては全く不可能ではないが、相当な限界がある。日本人観光客やメディアを受け入れてはいるが、北朝鮮からは都合の良い情報しか出てこないとの指摘も多い。
衛星画像分析にも限界がある。政府は上空からこの国をモニターすることを重視しており、その画像精度も非常に高いと言われるが、北朝鮮側は監視されていることを十分承知のうえで行動している。このため、予想外の動きに出てくることも多い。
北朝鮮からの脱北者・亡命者からの聴取も、一般住民の生活情報を得る上では有効である。これまでに韓国へ亡命した脱北者は延べ三万人超である。一見多いように見えるが、およそ二五〇〇万の人口を持つ国から、七〇年近くの長い間をかけても、たった三万人しか亡命していないと言うこともできる。[※3]しかも、金正恩政権に入ってから、権力中枢で核心的な地位にあった人物の亡命はほとんど見られないため、意味のある情報がどれだけもたらされているかは精査が必要である。首都・平壌《ピョンヤン》に行ったことすらない脱北者も多く、「平壌に一度でも行ったことがあるというのを、地方の人々がどれほど誇らしく思うか、韓国の人にはおそらく理解できないだろう」との証言もある。[※4]
このように、いかなる方法を用いても北朝鮮情勢を分析するのに困難が伴う以上、基本に立ち返って、北朝鮮から発信される資料を検証することが重要となる。[※5]例えば、朝鮮労働党中央委員会機関紙『労働新聞』や最高指導者の発言を丹念に読めば、分析の仕方次第で、ある程度の方向性や彼らなりの論理が見えてくる。これらと脱北者証言などその他の情報をすり合わせながら、実態解明を図るしかない。文献の精査と政治理論を結合させた、優れた研究成果も出てきている。[※6]

※1　拙稿「北朝鮮の個人支配体制」『法学研究』八九巻三号、七九―九〇頁。

※2　鐸木昌之『北朝鮮―社会主義と伝統の共鳴』東京大学出版会、一九九二年、二六七頁。鐸木昌之「北朝鮮―課題を克服するおもしろさ」『アジア学のみかた。』AERAムック、一九九八年、一二一―一二三頁。
※3　脱北者問題については、礒﨑敦仁・澤田克己『新版　北朝鮮入門―金正恩体制の政治・経済・社会・国際関係』東洋経済新報社、二〇一七年、一九一―一九八頁や拙稿「脱北者問題―「駆け込み」の意味を中心に」小此木政夫・礒﨑敦仁編著『北朝鮮と人間の安全保障』慶應義塾大学出版会、二〇〇九年、一三九―一六〇頁を参照。
※4　太永浩（李柳真・黒河星子訳、鐸木昌之監訳）『三階書記室の暗号―北朝鮮外交秘録』文藝春秋、二〇一九年、四二六―四二七頁。
※5　北朝鮮分析の手法については、坂井隆・平岩俊司『独裁国家・北朝鮮の実像―核・ミサイル・金正恩体制』朝日新聞出版、二〇一七年が参考になる。
※6　例えば、宮本悟『北朝鮮ではなぜ軍事クーデターが起きないのか？』潮書房光人新社、二〇一三年。新井田実志「北朝鮮『個人支配』のメカニズム―金正日体制における経済的パトロネージ分配を中心に」『現代韓国朝鮮研究』第十五号（二〇一五年）、七六―八九頁。

経済制裁によって「孤立する北朝鮮」という誤解

北朝鮮への対応において、関係国の足並みがそろわないという現実をより詳しく見ておこう。日本では北朝鮮を「孤立」している国と考えられがちであるが、国連加盟国一九三カ国のうち、北朝鮮と国交を結んでいる国は一六〇カ国に上る。北朝鮮の経済封鎖が必要だと本気で検討した国がどれほどあるのか考える必要がある。イギリスやシンガポールには北朝鮮大使館がある。逆に、平壌にはスウェーデンやドイツ、インドなども大使館を置いている。小規模ながら国際交流も実施されており、例えば、カナダのブリティッシュコロンビア大学と北朝鮮の金日成総合大学は研究者間の交流を行って久しい。

もちろん、国連安保理によって大変厳しい経済制裁が北朝鮮に対して実施されているのは事実である。

経済制裁の影響は年々大きなものとなり、そのままではますます苦しい状況に置かれることは確実視されている。

一方で、金正恩政権が制裁に屈して対外政策、軍事政策の変更を余儀なくされるかは別の問題である。また、国連の制裁を履行するかどうか、履行するにしてもどの程度手心を加えるか、というのも別個の問題である。たとえ多くの国連加盟国に履行の意思があったとしても、「瀬取り」等を含め北朝鮮が何かしらの抜け道的な手段を講じてきたのも周知の事実である。[※1] しかも、二〇一八年から米韓両国が北朝鮮と首脳外交を開始した結果、「最大限の圧力」だけをテコに北朝鮮を動かすのは困難であることが露呈してしまった。

韓国に大きな期待をかけることはできない。南北朝鮮の一人当たりGNI（国民総所得）を比較すると、韓国は北朝鮮の二〇倍以上に達している。東西ドイツが統一した時、西ドイツと東ドイツの一人当たりGNP（国民総生産）はほぼ二対一であった。東ドイツは「東欧の優等生」だったのである。それでも、統一後三〇年近く経過してなお、旧東西ドイツ間の経済格差は社会問題として残っていると言われる。南北朝鮮間の経済格差はドイツとは比較にならず、統一コストは莫大なものになる。ほとんどの韓国国民が、多大なコストをかけてまで南北統一を急ぐべきだとは考えていないことは、様々な世論調査から明らかである。[※2]「平和共存」の動きは、そのような世論が下支えしているのである。

中国も日本とは政策が異なる。北朝鮮に非核化を求めてはいるが、米国も一定の譲歩をすべきだという立場を崩していない。北朝鮮との貿易額の推移を見ると、日本は厳しい独自制裁をかけていることもあって二〇一〇年以降輸出入ともにゼロであるが、中国の貿易額は継続して大幅に伸びていた。二〇一七年は経済制裁に足並みをそろえる形で縮小したが、それでも北朝鮮の体制を根底から揺るがすほどには至っていない。そもそも「自立的民族経済」を原則として「自力更生」「自給自足」を掲げる北朝鮮は、対外貿易に依存する構造になっていないともいえる。

※1　北朝鮮に対する経済制裁については、中川雅彦編『国際制裁と朝鮮社会主義経済』アジア経済研究所、二〇一七年。古川勝久『北朝鮮 核の資金源―「国連捜査」秘録』新潮社、二〇一七年。
※2　例えば、ソウル大学統一平和研究院が二〇〇七年から毎年実施している「統一意識調査」参照。

感情論を超えた現実的な外交が必要

このように各国の足並みがそろわない中で、日本はどのような対応を取るべきか、議論が分かれるところであるが、筆者は理不尽なことがあろうとも北朝鮮との対話が必要だと考えてきた。圧力には限界があるため、対話に踏み切るべきだという考えである。そして、本書を脱稿しようとしている二〇一九年五月、安倍晋三総理は、日朝首脳会談の実現に条件は付けないと言及した。[※1]

拉致は国家的犯罪であり、非が北朝鮮側にあるのは誰が見ても明らかである。しかし、「無条件で被害者全員を即時帰国させよ」と言っても、敵対関係にある国家との外交で満額回答を得るのが困難を極めることはこれまでの経緯が語っている。二〇〇二年九月に小泉純一郎総理が、それまで拉致を全否定し、「日本政府の捏造劇」とまで主張してきた北朝鮮の態度を一八〇度転換させ、五人の被害者の帰国を実現させたのは、北朝鮮と向き合って対話をした結果である。

小泉政権以降、拉致問題は解決に向けて全く進展していない。その現実を直視した時に、果たして経済制裁の強化という圧力一辺倒でいいのであろうか。目的のための手段はより柔軟であっても良かったのではないか。

いまやマイナスイメージ一色の北朝鮮だが、一九七〇年代までは「地上の楽園」と称されるほど好意的なイメージが日本でもあった。『朝日新聞』『毎日新聞』から『産経新聞』に至る各紙が北朝鮮の「経済発展」を好意的に報じていた。一九七一年には、当時の東京都知事であった美濃部亮吉が北朝鮮を訪問し、北朝鮮の社会主義建設を絶賛し、「東京都の建設に利用したい」とまで述べた。いまでは考えられないほど北朝鮮が美化されていたのである。[※2]

半世紀近く経った現在、この発言を嘲笑したり的外れだと批判するのは簡単である。しかし、当時の日本社会は、北朝鮮の現実を直視できずにいた。このことを反面教師として考えるならば、米国や韓国が北朝鮮との対話に舵を切った中で、日本だけが必要以上に北朝鮮をたたき過ぎて懸案解決の糸口をつかめなかった可能性も考えておかなければならない。

※1　「首相『無条件で日朝会談』拉致解決北へ決意示す」『産経新聞』二〇一九年五月二日付。
※2　美濃部亮吉「金日成首相会見記」『世界』第三一五号（一九七二年二月号）、四五―七四頁。前掲、礒﨑敦仁・澤田克己『新版 北朝鮮入門』八三―九〇頁。

「先軍政治」に距離を置き、経済重視路線を進める金正恩政権

北朝鮮というと、日本ではいまだ経済危機と物資不足にあえぐ飢餓の国、というイメージも残っているようである。わが国はもちろん、韓国や中国、ベトナムの水準から考えても、北朝鮮が非常に貧しい国であることは間違いないが、一九九〇年代の「苦難の行軍」期の未曾有の経済危機からは脱却を果たして久しい。[※1]

同じようなステレオタイプは多い。金正日政権は、体制護持の手段として軍事を第一の国事とする「先軍政治」を掲げていた。対外的には、核兵器を保有して、米国に侵略されない「核強国」を目指してきた。対米抑止力の確保である。日本ではいまだにこの「先軍政治」のイメージも強いと思われるが、金正恩政権ではやや距離が置かれている。例えば、金日成誕生日「太陽節」（四月一五日）や金正日誕生日「光明星節」（二月一六日）といった大きなイベントの際、金正恩は重要な幹部を引き連れて、金日成、金正日の遺体が安置されている錦繍山《クムスサン》太陽宮殿に参拝する。金正恩政権の初期には、参拝には主に軍人を引率しており、金正恩が軍を掌握し、金正日時代の先軍政治を継承する意思が窺われた。[※2]

だが、二〇一六年五月に三六年ぶりの朝鮮労働党大会を開催した後、金正恩の参拝に同行した幹部は、半分程度が軍人、残りがスーツ姿であった（写真1〜4参照）。その後は参拝に同行する軍人はほとんど見られず、ほぼ全員がスーツ姿である。軍を軽視しているわけではなく、「国防力強化」は引き続き重要課題であるものの、「国家核武力の完成」に一区切りをつけた後は、ますます経済重視の姿勢を明確にしているのである。

写真３　『労働新聞』2018年４月16日付

写真４　『労働新聞』2019年４月16日付

■金日成誕生日「太陽節」における錦繡山太陽宮殿参拝の模様

注　写真１ではほとんどが軍服姿の軍人だが、徐々にスーツ姿が目立つようになる。

写真１　『労働新聞』2016年４月15日付

写真２　『労働新聞』2017年４月16日付

北朝鮮は、東アジアの最貧国であり、二〇一七年の一人当たり所得は一二一四米ドルに過ぎない。これは平壌の社会科学院経済研究所の研究者が二〇一八年に公表した数値から割り出したもので、この数字自体の正確性に議論の余地はあろうが、周辺国の推計値にも近く、参考値として採用できる。[※3] ベトナムやラオスの半分程度、モンゴルの三分の一程度である。

これだけ所得が低い中で核・ミサイル開発と個人崇拝を進めてきた以上、庶民の生活水準が非常に低いことは脱北者・亡命者の証言を待つまでもない。さらに、平壌への一極集中投資が進み、五〇万人ほどが住む首都中心部には、猛烈な勢いで高層ビルが建設されている。

なお、金正日時代には、所得の数値が国際的な基準に合わせて発表されることはほとんどなかったが、金正恩時代に入ると主要な数字を開示しはじめている。金正恩は政権トップに就任以来、演説や談話において、自主路線は重要だが「世界の趨勢」にも合わせ、「貿易の多角化」を進めなければならない、と繰り返し語っている。

※1 拙稿「金正日体制の出帆―『苦難の行軍』から『強盛大国』論へ」鐸木昌之・平岩俊司・倉田秀也編著『朝鮮半島と国際政治―冷戦の展開と変容』慶應義塾大学出版会、二〇〇五年、一七一―一九四頁。
※2 拙稿「第3回朝鮮労働党代表者会における金正恩公式化と『先軍』の継続意思」小此木政夫ほか編著『朝鮮半島の秩序再編』慶應義塾大学出版会、二〇一三年、五九―八八頁。
※3 福田恵介「われわれは北朝鮮を知っているか」週刊東洋経済plusホームページ（https://premium.toyokeizai.net/articles/-/19726）、二〇一九年五月三一日最終確認。

「やっている感」のトランプVS「本気」の金正恩?

二〇一九年四月一一日と一二日の両日、立法機関であり「最高主権機関」とされる最高人民会議の第一四期第一回会議が開催された。決算、予算の報告、指導部人事の発表のほか憲法の改正もあった。わが国にとっては、もの別れに終わった二〇一九年二月末のハノイでの第二回米朝首脳会談以降、「朝鮮半島の非核化」の行方がどうなるのかが関心事であるが、この最高人民会議で二九年ぶりに行われた最高指導者による「施政演説」によって、米国との交渉を続ける姿勢が示された。その姿勢は金正恩が委員長を務める国務委員会の新しいメンバーを見ても、読み取ることができた。一四人の国務委員のうち閣僚級と呼べるのは五人だけだが、軍や警察関係のトップ三人を除いた残り二人は、外相と外務第一次官である。外交重視の姿勢は明らかである。

また、北朝鮮メディアの論調からは、金正恩政権の経済重視の姿勢もうかがえた。「自力更生、自給自足」により経済建設を進めるというものである。米国との交渉を継続するという姿勢は変えないものの、それが簡単に進渉するとも思えないため、基本的には自分たちの力で経済を建て直そうという、旧来型の精神論を国民に説かざるを得ないというのが現状である。

金正恩は二〇一三年三月に「新たな並進路線」を打ち出した。経済建設とともに核開発も進めるというものであった。これは、金正日時代の「先軍政治」を継承しつつ、経済建設を進める狙いであることは先にも触れたとおりである。

北朝鮮がなぜ核・ミサイル開発にこだわってきたのか、理由はその時の金正恩発言を追っていくとわかる。理由の一つは、リビアの二の舞いを避けるためである。リビアは、経済制裁の解除と引き換えに核開発計画を放棄したが、その後、NATO（北大西洋条約機構）の介入もあって、内戦の果てにカダフィ体制が崩壊するという結果を招いた。北朝鮮はこれを教訓とし、米国からの攻撃に対する抑止力を確保するため、経済制裁を解除して欲しいがために核を手放すようなことはしなかったのである。金正恩はそれを「中東諸国の教訓」などと表現した。

北朝鮮は核を保有しなければ、いずれは米国に侵略されてしまう、という強い危機感を持ってきたのである。北朝鮮にとって核保有は体制維持の重要な手段であり、二〇一三年に金正恩が並進路線を主張し始めた頃は、北が核開発を放棄する可能性は極めて低い、と考えられていた。

ところが、トランプ大統領が米朝首脳会談の意思を表明した二〇一八年三月から、北朝鮮の論調が一変する。『労働新聞』も自国を「核強国」とは呼称しなくなり、「米帝」という表現の使用も抑制された。米国の条件次第では、非核化に向けて進むという意思表示にも見えた。

しかし、二〇一八年六月にシンガポールで行われた第一回米朝首脳会談以来、非核化に向けた動きは進展していない。二〇一九年二月末にハノイで行われた第二回首脳会談は合意無しに終わった。このため、北朝鮮に非核化の意思は全く無かった、と見る向きが大勢である。しかし、ハードルは非常に高いものの、北朝鮮は依然として、米国が提示する条件次第であるとの姿勢を崩してはいない。

北朝鮮は非常にしたたかな国家である。常に合理的な判断が下されるというものでもないが、現在の体制を維持するために、戦略的に外交カードを切ってくる。少なくとも核保有は体制維持のための手段として捉えられており、それ自体を目的化していない。

一方のトランプにとって、米朝会談が妥結しなくても、前向きに進めてさえいれば、自国内で一定の支持は得られる。民主主義体制ではいわば「やっている感」さえ出せればよい。トランプが、本当に「完全な非核化」を目指しているのか、それとも単なる「やっている感」に過ぎないのか、それを外野が見抜くことは難しい。ただ、一方の北朝鮮としては、「やっている感」では外交をする意味が乏しい。

二〇一八年四月、金正恩は、勝利宣言を出す形で「並進路線」に終止符を打った。しかし、米朝会談の決裂により経済制裁が緩和されないとなると、北朝鮮にとっては大きな痛手であり、両国間の不信感は解消されないままである。

トランプは、七〇年にわたる北朝鮮の歴史において、北朝鮮首脳と向き合おうとした初めての大統領であり、北朝鮮の人権問題を交渉材料としていない。強制収容所を撤廃し、政治犯を釈放しろ、インターネットを解禁しろ、という要求を突き付けてはいないのである。北朝鮮の国内問題に手を突っ込まず、米国の安全保障に関わる問題だけを交渉しようというトランプは、北朝鮮にとって与しやすい相手なのである。だから北朝鮮としては、何としてもトランプ政権の間に交渉を進めておきたい。

二〇一一年末、金正恩は二七歳で「最高領導者」になった[※1]。つまり、再選されても二期八年という任期が定められている米国大統領とは異なり、あと数十年も国のトップであり続ける可能性がある。そのため金正恩は、民主主義体制のように問題を先送りすることが難しい。自分がサインした内容について、米国から数十年後に問い詰められることも考えられる。そのような意味で、金正恩政権は、米朝会談に体制の命運をかけて臨んでいたわけである。

今後、国内外に様々な課題を抱えているトランプ政権が「完全な非核化」の要求を降ろさず、北朝鮮に関心を持ち続けるかどうかが重要である。拉致問題を抱え北朝鮮に重大な関心を持たざるを得ない日本と米国では、もともと関心の持ち方が違う。北朝鮮が日本に求める「過去の清算」も米朝間には存在しない。米国本土に届くＩＣＢＭの完成が近づいたからこそ、米国は初めて北朝鮮問題に本腰を入れ始めたことを忘れてはいけない。北朝鮮の考える「完全な非核化」が米国の考えるそれとは違う懸念が残る中で、トランプ政権が「ＩＣＢＭさえ断念させればよし」と中途半端に考えるならば、日本にとっては重大な脅威が残ることになる。また、北朝鮮が米国に強い不信感を抱いたままでは、同国が核保有国としての立場を強める結果をもたらすことになりかねない。

※１　北朝鮮公式メディアは金正恩の生年について発表していないため、「一九八四年」という、叔母の「ワシントンポスト」への証言に依拠した。"The secret life of Kim Jong Un's aunt, who has lived in the U.S. since 1987", *Washington Post*, May 27, 2016.

観光を通じて見えること、見えないこと

筆者が初めて北朝鮮を観光したのは一九九四年、金日成が死去した年のことであった。当時はまだ個人手配で北朝鮮を訪れるのが一般的ではなく、旅行会社が主催するツアーに参加するしかなかった。以来、筆者は複数回にわたって北朝鮮を訪れているが、近年は平壌中心部に「消費者」と呼ばれる富裕層が登場し、貧富の格差は確実に広がっている様子が見て取れる。

二五年前に流しのタクシーはなかったが、平壌のほか主要な地方都市にもタクシーが急増した。しか

写真５　価格をドル表示するレストラン

も、乗車料金は米ドル札で支払うのも一般的なようである。米朝関係の悪化に伴い、二〇〇四年以降は北朝鮮で使う外貨は公にはユーロであり、外貨商店での価格もユーロ表示になったが、もはやその通達は意味を失くしているのが現状である。平壌には沢山のレストランがあるが、富裕層や外国人向けのものも多く、それらは一般の庶民は利用しづらい価格設定である。このようなレストランの価格表示も、ドル表示されるようになってきた。

平壌中心部には高層ビルが建ち並び、カネさえあれば急増した外貨商店やイタリア料理、タイ料理などのレストランも利用できる。ただ平壌中心部から離れれば、電力事情すら非常に厳しいものがある。地方都市によっては、外国人の宿泊が可能なホテルでさえ停電続きで、テレビすら見られないことも多い。

一方、国内の移動については流動化が進んでいる。地方都市間を直接結ぶ乗り合いバスが急増した。以前であれば、乗り合いバス自体はあったが、平壌と地方都市を結ぶ路線しか見られなかった。このような物流・交通の活発化は、当初から政府が計画して実施したものではなく、自然発生的な経済を政府が追認する形で発達してきたようである。

道路事情は二五年前に比べて格段に悪化している。経済制裁の影響であるとも考えらえるが、一方で、中国から大型トラックが入ってくるようになったため、道路の劣化が進んだという事情もある。

フィールドワークの効用と限界を知る

フィールドワークで北朝鮮の実態に迫ることは非常に困難な状況が続いている。先に述べた平壌中心部の様子も、限られた旅程の範囲での筆者自身の印象論に過ぎない。何らかの見落としもあるだろう。

北朝鮮は、一九八七年より日本人の観光客を受け入れている。第三章で詳述するが、一九九〇年代半ばの最盛期には、一年間に三〇〇〇人以上もの日本人が北朝鮮を観光で訪れていた。ＪＴＢや近畿日本ツーリストといった大手旅行会社が北朝鮮ツアーを主催し、名古屋や新潟からは平壌への直行チャーター便が飛んでいた。

しかし、現在では日本政府が北朝鮮への渡航自粛勧告を出し、北朝鮮を訪問する人数は激減した。一時は年間五、六〇人程度まで落ち込んだが、史上初の米朝首脳会談が開催された二〇一八年になって三〇〇人以上にまで回復している。それでも毎年二〇〇万人以上の日本人が韓国や中国にそれぞれ訪れて

いることに比べれば、桁違いに少ない。[※1]二〇一八年には年間延べ一八九五万人もの日本人が出国している。[※2]

さらに、北朝鮮査証（ビザ）は毎回スムーズに発給されるとは限らない。かの国にとって好ましからざる日本人には入国許可が下りないばかりか、国内事情によって外国人の入国が制限されることもある。

北朝鮮の人口は約二五〇〇万人と言われ、そのうち二五〇万人近い人口、総人口の約一〇分の一だけが平壌に集まっている。平壌中心部には首都市民の便宜を図るための施設が数多く建設され、水族館や遊園地も存在する。相対的に豊かな地域である平壌中心部の人口は約五〇万人、総人口の約五〇分の一しか住んでいない。そこでも、外国人観光客に対しては依然として「案内員」（ガイド）から離れた個人行動が許可されていない。

限られた世界しか見ることができない以上、訪朝そのものによって得られる情報には相当な限界がある。しかし、そのことを十分に認識したうえで訪れるなら、意味のある知見を得ることもできるだろう。北朝鮮への入国が許可されなくとも成果を上げている研究者や分析官は多い一方、足繁く平壌に足を運びながらも平衡感覚を保ち、貴重な研究業績を発信している研究者も少なからずおり、それぞれであることは言うまでもない。

本書は「観光」を探究することを目的としているが、手法としてはフィールドワークに依拠するものではなく、主に公開情報の検証によって議論を展開していくこととする。

※1　ＪＮＴＯ（日本政府観光局）によれば、日本人の韓国訪問者は二三一万人（二〇一七年）、中国訪問者は二五八万人（二〇

一六年）、台湾訪問者は一八九万人（二〇一七年）に達する。
※2　JNTO「日本の観光統計データ」ウェブサイト（https://statistics.jnto.go.jp/graph/#graph-outbound-outgoing-transition）、二〇一九年五月三一日最終確認。

「体制宣伝」「外貨獲得」北朝鮮の狙いはなにか

第一章以降で議論を展開することになるが、北朝鮮観光の第一の目的は、体制宣伝であると考えられる。「一一年制無償義務教育」を誇示する北朝鮮の教育施設や、「全般的無償医療」制を宣伝する北朝鮮の病院の参観は、日本人観光客を受け入れた当初から継続されてきた。また、国家観光総局の総局長が党機関誌に寄せた論考は、最高指導者の偉大さに関するものであり、観光が体制宣伝に寄与することを示唆している。[※1]外貨獲得は、第二の目的と考えられる。

日本人が「観光」以外で訪朝する場合には、朝鮮対外文化連絡委員会（通称「対文協」）傘下の朝日友好親善協会を通じた友好親善訪問や取材、その他の組織を通じた学術交流訪問など、別途の手配が必要となる。「観光」では、要人との面会や研究者との意見交換を手配するのは困難であるが、いかなる形態で訪朝しようとも、平壌で実際に参観可能な場所に大差はないのが現状である。

すなわち、北朝鮮において「観光」は、意外に幅広いともいえる。四月に平壌を訪問すれば、「四月の春親善芸術祝典」や「金日成花祭典」への参加が可能となるほか、「平壌ボウリング競技大会」や「平壌国際映画祭」、平壌や羅先で開催される「国際商品展覧会」、元山葛麻空港での「元山国際親善航空祝典」の参観などの公的イベントは観光客に開かれている。[※2]平壌で毎年開催されている「万景台賞平壌国際マラソン大会」のほか、「アマチュアマラソン競技大会」に観光客が突如動員された例もある。[※3]リクエストベースで一部のモデル農場や工場の見学も可能である。

相当な紆余曲折があろうとも、二〇一八年からの対話局面が続けば、北朝鮮を訪問する日本人も増加するであろう。一方、わが国とは社会・文化的な相違点があまりに多く、そのことに起因する問題、例えば北朝鮮側が突然旅程を変更したりすること等に不満を持つ日本人観光客も多い。[※4]最も懸念されるのは、邦人が事件に巻き込まれるケースである。第二章で扱うが、二〇一八年にはついに日本人観光客の拘束事件が発生した。観光ではないものの、二〇〇六年に平壌支局を設置した共同通信をはじめ、日本の記者も数多く訪朝している。渡航自粛勧告の有無を問わず、訪朝者がいる限り、今後もその可能性を完全に排除することはできない。

ちなみに、北朝鮮で米国人やカナダ人が事件に巻き込まれた場合には、在朝スウェーデン大使館が利益代表として動くことになっている。また、在朝英国大使館は、オーストラリア人、ニュージーランド人、アイルランド人の利益代表部ともなっている。[※5]拉致問題など日朝間の懸案に進展が見込まれない中で日本政府が平壌に連絡事務所を置くのは時期尚早であろうが、平壌に大使館を持つスウェーデンや英国、ドイツなどとより緊密な協力体制を築くことは議論の対象となろう。

※1　チョソンゴル「国の偉大性は領導者の偉大性に依っている」『勤労者』二〇一七年第一二号、五四―五七頁。
※2　国家観光総局『DPR Korea Tour』平壌：観光宣伝社、二〇一八年、一八四―一九一頁。
※3　（匿名）「朝鮮旅行友の会企画旅行『平壌・元山・板門店・開城6日間の旅』（9/20-9/25）」中外旅行社ホームページ（https://www.chugai-trv.co.jp/diary-009）、二〇一九年五月三一日最終確認。「〝美しい街並み、温かい人たち〟―平壌で秋季アマチュア

マラソン大会」『朝鮮新報』二〇一八年一〇月五日付。
※4　キムデウォン「北朝鮮建国七〇周年イベント大成功。その裏でツアー客を襲った無慈悲な仕打ちに初訪朝から不満の声」「ハーバー・ビジネス・オンライン」ホームページ（https://hbol.jp/174867）、二〇一九年五月三一日最終確認。二〇一八年八月中旬には国内事情のために外国人観光客の入国規制も行われた。
※5　Simon Richmond et al., *Korea*, Lonely Planet Publications, ed. 11 (2019), p.332.

日本で「北朝鮮」と呼ぶ理由

北朝鮮は一九四八年九月九日の国家樹立以来、金日成主席、金正日国防委員長、金正恩国務委員長という親子三代の指導者によって統治されてきた。長年に亘って社会主義を掲げる一方、政治における自主、経済における自立、国防における自衛を柱とする主体《チュチェ》思想を国家の「指導的指針」に定め、冷戦期においてもソ連や中国とは一定の距離を保ち、自主路線を追求してきた。そのため、ソ連・東欧社会主義体制が次々に崩壊していく中でも、その影響を避けて体制を護持することに成功し、現在に至っている。また、中国やベトナムのような改革開放にも至っていない。

冷戦終結後の一九九四年七月に金日成が死去し、長男の金正日が正式に政権を担うことになったが、二〇〇〇年頃まで「苦難の行軍」と呼ばれる未曽有の経済難に陥った。中国を経由して韓国に亡命しようとする脱北者が急増した時期はこの頃である。日本や米国では、北朝鮮が早晩に崩壊するのではないかと真剣に議論されたが、金正日は「先軍政治」を掲げて体制の盤石化を図った。

二〇〇〇年代に入ると金正日政権は対外活動を活発化させ、今や国連加盟国の八割以上と国交を持つまでに至っているのは前述の通りであるが、日本との間には依然として国交が無い。二〇〇二年九月と二〇〇四年五月には小泉純一郎総理が平壌を訪問して金正日国防委員長との首脳会談を実現させた。しかし、両国間の相互不信は根深く、現在も様々な懸案を抱えたままで、「日朝平壌宣言」で約束した国交正常化には至っていない。

日本政府が朝鮮半島で合法的な政府と公に認めているのは、一九六五年に日韓基本条約(「日本国と大韓民国との間の基本関係に関する条約」)によって国交を正常化させた韓国だけである。そのため、朝鮮民主主義人民共和国については、朝鮮半島の北半部という意味での「北朝鮮」との呼称が定着している。本書でも便宜上それを用いることにするが、北朝鮮側はその呼称に長らく反発してきた。北朝鮮で自国を称するときには、「朝鮮」もしくは「共和国」とされているからである。

「党に従って天地の果てまで」

第一章

パンフレットで知る北朝鮮

「観光パンフレット」という貴重な情報源

日本から北朝鮮を訪れる観光客はきわめて少数である。二〇一八年の一年間で四百人にも満たない規模であるが、北朝鮮観光が解禁された後の一九九〇年代には、年間三千人規模の時期もあった。

北朝鮮を訪問した数少ない日本人は、その経験を旅行記の形で残し、公刊してきた。そのため、北朝鮮観光がどのようなものか、その概略はそれら旅行記を読むことで確認できる。また、インターネット上には無数の旅行記がアップされている。

ここでは、個別の経験則に基づいた議論をできるだけ排除すべく、日本で最も長いあいだ北朝鮮観光を扱ってきた、中外旅行社（東京都台東区）のパンフレット「朝鮮民主主義人民共和国トラベルインフォメーション」[※1]を用いて、まずは北朝鮮観光の概要を紐解いてみたい。多くの送客実績を誇る旅行会社だけあって、観光客に配布されるわずか十数ページのパンフレットに、有益な内容が簡潔に記されている。

あくまでも旅行者向けパンフレットであるので、北朝鮮の気候や、服装の注意、主要な観光地の紹介記事がその中心ではある。だが、例えば「ショッピング」の欄で、扇子やキーホルダーといった民芸品のほか、切手や絵画、地酒、高麗人参等が主たる土産物と紹介され、「外国人専用の外貨ショップへご案内致します」とあるのは、北朝鮮国内の経済活動の一端を推し測る材料になる。外国人観光客は、原則的には一般商店を利用できず、外貨商店を利用することになることを示しているからである。

また、パンフレットには北朝鮮の通貨単位はウォンと紹介されている一方で、外国人観光客は「現地の通貨は使えません」「現在はユーロ、元、ドルの流通が比較的多い」と但し書きがある。[※2]北朝鮮国民

写真６　観光パンフレットの例（左：中外旅行社、右：Koryo Tours）

の使用する通貨を外国人が使用できないということは、北朝鮮の経済と外国人観光客との間に断絶が作られていることになる。しかし、社会主義体制下のビルマ（現ミャンマー）やブルガリア、チェコスロヴァキア等で導入されていたような、一定額の外貨を強制的に交換させる制度は導入されていない。[※3] むしろ、手配の段階で宿泊費や食費が含まれる料金を支払っているため、現地での出費は多くない。

「以前は日本円も直接使えるケースがほとんどでしたが、そのようなケースが少なくなっています」という指摘もある。日本政府による独自制裁により、人的往来の規模が縮小し北朝鮮における日本円の流通も減少した。二〇一〇年以降、輸出入ともに日朝貿易額はゼロになっている。日本でも北朝鮮産の衣服や魚介類を見かけることはなくなったが、北朝鮮社会においても日本のプレゼンスは下がり続けている。

▼北朝鮮の外貨兌換券

北朝鮮では外貨管理のために一般庶民が使用する内貨のほか、「外貨兌換券《ウェファワパックントン》」を流通させてきた。[※4]外貨兌換券（ＦＥＣ　Foreign Exchange Certificate）とは、一九九三年まで中国にも存在した制度である。外国人は人民元でなく外貨兌換券「ＦＥＣ」の使用を強制されていた。またキューバでは、現在もなお内貨「ＣＵＰ」と外貨兌換ペソ「ＣＵＣ」を混用している。

北朝鮮では、外貨は必ず外貨兌換券に換えてから使用しなければならず、ルーブルをはじめとする（旧）社会主義圏の通貨と換えられる「赤色兌換券」と、米ドルや日本円といったハードカレンシーに換えられる「青色兌換券」の二種類があった。表面上それらは同等の価値があるとされていたが、実際の価値には一対四の格差があった。一九九四年に一本化され、一九九九年頃までは紫色の兌換券が利用された。

しかしその後、外貨兌換券を使用できる外貨ショップやホテルが激減し、ハードカレンシー自体による支払いが求められるようになった。外国人観光客は、ユーロ、人民元、米ドル、日本円といった外貨を北朝鮮通貨に交換することなく、そのまま使用することになって現在に至る。羅津・先鋒地区に限っては、それ以前から外貨の直接使用が認められてきた。

二〇〇二年春には、マスゲーム「アリラン」の開催で多数の外国人観光客を受け入れるため、赤色の「アリラン兌換券」を登場させたが、同年七月、「経済管理改善措置」の導入とともに兌換券制度自体が廃止された。

※1　「朝鮮民主主義人民共和国トラベルインフォメーション」中外旅行社、二〇一八年九月入手。
※2　但し、光復地区商業中心（スーパーマーケット）など内貨対応の商業施設の一部が日本人観光客に開放されるようになっており、その場合は日本円などの外貨を内貨に交換して使用することになる。
※3　『地球の歩き方　ビルマ』ダイヤモンド・ビッグ社、一九八七年、六二―六五頁。『地球の歩き方　東ヨーロッパ』ダイヤモンド・ビッグ社、一九九二年、二七頁。
※4　外貨兌換券について北朝鮮の出版物（『Money in Korea』平壌：朝鮮中央銀行、二〇〇六年。『貨幣案内』平壌：朝鮮民主主義人民共和国中央銀行、発行年不明）は、一切触れていない。

北朝鮮観光でやってはいけないこと

三〇年以上に亘って日本人を送客した実績のある中外旅行社だが、パンフレットには「当社で手配した観光客の中で盗難、置き引きにあった方はいらっしゃいません」とある。また、少なくとも外国人が見て回る範囲において、北朝鮮の治安は非常に良好だと書かれている。北朝鮮刑法第六七条で「外国人に対する敵対行為罪」が定められ、「共和国に滞在する外国人の人身、財産を侵害した者は、五年以上一〇年以下の労働教化刑に処する。罪状が重い場合には一〇年以上の労働教化刑に処する」と規定されていることからも、北朝鮮の人々は外国人とのやりとりに慎重にならざるを得ないだろう。[※1]

一方で、「朝方もしくは夕方にホテルの外に出られる場合は、ガイドと一緒に行動する様にしてください」という注意書きもある。一九九〇年代の経済難の時期に、北朝鮮の「恥部」を求め「観光」で入国する日本人がいたことも背景のようだが、北朝鮮社会の保守的な側面を垣間見ることのできる制限である。「添乗員、現地ガイドなしでの個人行動はご遠慮ください」という注意喚起もあるが、これは北朝鮮観光の大きな特徴である。案内員を伴わない行動、個人行動が許容されていないのである。

入国前に旅程を確定させるやり方は、旧ソ連などでも実施されていた。[※2]しかし、現在このような規制を掛けている国家は、自国文化の保護を目的に案内員の同行を必須とするブータン等に限定される。[※3]それでも個人行動は許容される。「中央アジアの北朝鮮」と揶揄されることもあるトルクメニスタンや、北朝鮮と並んで報道規制が厳格だとされるエリトリアも、事前の査証取得により事実上自由な個人旅行が可能である。

さらに、朝鮮国際旅行社による北朝鮮ツアーでは、参加した日本人観光客は案内員から次のような注意喚起を受けるのが一般的である。

・最高指導者には「主席」(金日成)、「総書記」(金正日)、「委員長」(金正恩)といった職名を付けること。
・最高指導者の肖像などを撮影する際には一部で切れないようにすること。
・最高指導者の肖像が掲載されている出版物を曲げたり破ったり捨てたりしないこと。
・建設現場、軍人、警察官の撮影は禁止とする。
・人物撮影を行う場合は事前に承諾を得ること。

その他、検問を通過する際などに適宜注意が出される。

北朝鮮への出入国時の所持品検査は日本や中国等に比べると厳格である。パンフレットには「携帯電話・デジタルカメラ・パソコンなどは税関で提出する場合がありますが、返却されますのでご安心ください」との一文もある。なお、欧米人対象のツアーでは、聖書を持ち込まないよう事前に注意喚起されることが多いという。携帯電話の持ち込みは、二〇〇四年四月に発生した龍川《リョンチョン》鉄道爆発事件以降に厳格化され、入国時における空港預かりが原則となった。しかし、日本や中国の携帯電話は、そのままでは北朝鮮国内の電波網を使用することができない。そのため、携帯電話を空港で預かるのは非合理的な対応であり、北朝鮮側の担当部署が情報技術に疎い、もしくはきわめて保守的なことが推察された。

ただ、その後、携帯電話やパソコンの持ち込みについては、二〇一三年から解禁された。[※4] 北朝鮮国内においても携帯電話が急速に普及し、二〇一五年には三〇〇万台を突破している。普及にともない、国外の携帯電話はそのままでは北朝鮮国内で使用できないことが、税関関係者にも知れ渡ったためと考えられる。

なお、北朝鮮滞在中に観光客がインターネットを利用する機会はほとんどないが、平壌空港や普通江《ポトンガン》ホテルなどでＳＩＭカードが二〇〇ユーロ程度で販売されており、それを使用すれば自前の携帯電話でメールやニュースをチェックすることはできる。二〇一八年末現在、外国人観光客が多く宿泊する平壌隋一の高麗《コリョ》ホテルでもインターネットの使用は未だ不可能であり、国際電話は日本まで一分間三米ドル、メール送付が一〇〇ＫＢまで三米ドルなどと高額である。ホテルの各部屋に接続用のケーブルが用意されているのは、金正恩政権初期にオープンした馬息嶺ホテルのみである。[※5]

北朝鮮への持ち込み禁止品は、パンフレットによれば、「武器、弾薬、爆発物、双眼鏡（六倍以上）、トランシーバー、麻薬、劇薬、いかがわしい印刷物（成人雑誌等）、反体制派及び社会秩序を害するもの」などとされている。また、「日本の雑誌、週刊誌なども検査されるので、持ち込まないほうが無難」と助言している。観光客が日本の雑誌類を持ち込んで処罰されたケースがあったかは不明なものの、国内に留め置かないよう、税関では持ち込まれた部数を細かくチェックされ、場合によっては没収ないし預かり対応となる。

北朝鮮刑法第一八三条は、「退廃的で色情的で醜雑な内容を反映した絵、写真、図書、録画物と電子媒体のようなものを許可無く外国から持ち込んだり作ったり流布したり不法に保管している者は、一年以下の労働鍛錬刑に処する。前項の行為の罪状が重い場合には五年以下の労働教化刑に処する」と定めている。[※6]

一方、とりわけ平壌市内において写真撮影に対する制限は、一九九〇年代に比べて格段に緩和された。「トラベルインフォメーション」では、「税関、入国時（主に空港内）等、世界一般的な制限と基本的に同じ」であるとしつつ、「モラルを持った撮影」を促している。珍しさからか、何でもカメラに収めようとする観光客が多いことは事実である。インターネット上の旅行ブログなどを見ると、トイレを含めた、至るところまで撮影しているものも見受けられる。

また、日本人観光客が北朝鮮への渡航を申請する際には、次のような文章に署名することが一般化されている。旅行会社側のリスク回避策である。

> 私は、この申請書に記入した内容は真実、かつ正確であることを証明します。また下記事項を了承した上で本手配旅行の申込みをします。

一．偽りの記入をすれば、朝鮮民主主義人民共和国入国査証の発給を拒否されることがある、と承知しています。
二．査証発給は本国での審査をもって判断されますので発給が拒否されることがある、と承知しています。また査証の発給が拒否され、本手配旅行契約を解除された場合であっても所定の取消料が発生することを承知しています。
三．朝鮮民主主義人民共和国に到着した時点で入国資格がないことが判明すれば、たとえ同国の査証を所持していても入国ができないことを承知しています。
四．別途記載の渡航における注意事項を遵守し、これらが守れない場合の責任は全て自己に帰することを承知しています。

記入日　　年　　月　　日　　　署名　　　　　印[※7]

「警察、公安、報道関係者の方の観光ビザ発給はできません」といった注意書きがパンフレットに添えられることも長年一般的になっている。また、サムスンやＬＩＮＥなど韓国系企業の現役社員なども入国が許可されていないという[※8]。

さらに、二〇一六年二月一〇日に日本政府が対北朝鮮制裁措置の一環として渡航自粛勧告を発出したことに鑑み、観光客に対して追加の説明が行われている。

昨今の政治情勢にかんがみ、以下のとおりご説明させて頂きます。

一　日本政府は、二〇一六年二月一〇日付けで「我が国独自の対北朝鮮措置」を発表し、日本と朝鮮との間の人的往来規制措置と、朝鮮に対する支払規制措置を実施しています。これにより、日本から朝鮮への渡航自粛要請が発せられています（外務省海外安全ホームページ参照）。

また、観光庁からは、「北朝鮮を目的地とする企画旅行については、企画・実施しないこと」、「北朝鮮を目的地とする手配旅行については、旅行者に対し外務省の危険情報を記載した書面を交付し、その趣旨及び内容を説明し、旅行を取りやめるよう勧めること。」を求める要請がなされています（「北朝鮮に対する旅行の取扱いについて」（二〇一六〈平成二八〉年二月一二日観観産第六七九号）。

二〇一六年一二月九日現在、渡航自粛要請が改めてありました。

二　人的往来規制措置・支払禁止措置に関連して、関係省庁から当社に対し、朝鮮旅行を行う旅行者の渡航目的等を把握することが要請されています。当社は、関係省庁からの問い合わせに対して、必要な限度で、旅行者のみなさまの個人情報を開示する可能性があります。※9

北朝鮮側が日本人観光客の受け入れに積極的であっても、日本側が渡航自粛勧告を出し、旅行会社が慎重な対応を取らざるを得ない現状が続く以上、さらに言えば、日朝関係が進展しない以上、日本人観光客の大幅な増加は見込めそうにない。

※1　「朝鮮民主主義人民共和国刑法」『朝鮮民主主義人民共和国法典』平壌：法律出版社、二〇一二年、一〇一頁。
※2　『地球の歩き方　ソ連』ダイヤモンド・ビッグ社、一九八九年、三四―三五頁。

※3　『地球の歩き方　ブータン』改訂第一〇版、ダイヤモンド・ビッグ社、二〇一八年、二五四頁。
※4　丸田智隆「中国・大連の旅行社から見た北朝鮮旅行」『祝杯』第一号（二〇一三年）、九頁。「二〇一九年朝鮮への持ち込みNG品とOK品二〇一三年以降に大幅緩和」コリアツアーズホームページ（http://koreatoursdl.com/）内、二〇一九年五月三一日最終確認。
※5　Simon Richmond et al., *Korea*, Lonely Planet Publications, ed. 11 (2019), p.332.
※6　前掲、「朝鮮民主主義人民共和国刑法」、一一四頁。
※7　「W杯ブラジル大会アジア三次予選『日本代表対朝鮮民主主義人民共和国代表』査証申請書」西鉄旅行日本橋支店サッカーデスク、二〇一一年。
※8　前掲、丸田智隆「中国・大連の旅行社から見た北朝鮮旅行」、八頁。
※9　「朝鮮旅行申込書別紙説明書」中外旅行社、二〇一七年入手。

米朝急接近を受け、北朝鮮観光が「静かなブーム」

二〇一八年一一月、在日本朝鮮人総聯合会（朝鮮総聯）中央常任委員会機関紙『朝鮮新報』は、「朝米首脳会談開催のニュースを受け、朝鮮観光がブームとなっている」と報じた。「今年（一八年）、朝鮮を訪れた観光客の数は昨年の二倍に上る勢いだ。昨年の戦争危機から一転、朝鮮半島の平和への機運が高まっていることが観光分野にも大きな影響をもたらした」「このように語るのは、朝鮮民主主義人民共和国国家観光総局のキム・チュニ局長。観光客に、もっとも人気のあるスポットは二回の北南首脳会談が開催された板門店だという」[※1]。

板門店《パンムジョム》は三泊四日以上の北朝鮮観光のほとんどの旅程に含まれている。例えば、中外旅行社手配の三泊四日の観光旅程を見てみよう（表2）。北京泊を入れると全行程で四泊五日になっており、二〇一九

10月21日	平　壌	07：30ホテルを出発　約２時間30分/170km	朝：○	平壌
	板門店	休憩：恩情（ウンジョン）休憩所（10分）		
	開　城	板門店観光		
		10：00　停戦協定調印場、軍事停戦委員会本会議場へご案内します。		
		開城観光　約10分/8km		
		12：00　高麗博物館（高麗成均館）、善竹橋、表忠碑を見学		
		13：30　昼食は開城名物飯床器にのった伝統料理をお召し上がりください。	昼：○飯床器	
		14：30　王建王陵、南大門を見て平壌へ戻ります。		
		18：30　夕食はアヒル焼肉をお召し上がりください。ホテル着20：30	夜：○アヒル焼肉	
10月22日	平壌発	朝食後、専用車で平壌空港へ。高麗航空を利用し空路北京へ。飛行機で約２時間	朝：○	――
	北　京	北京空港第２ターミナルに到着/第３ターミナルへ移動し、JALチェックイン。	昼：×	
	羽田着	空路羽田へ。飛行機で約３時間30分羽田へ到着　お疲れ様でした。	夜：○機内食	

※「平壌・開城・板門店の旅　羽田発着　４泊５日」中外旅行社ホームページ（https://www.chugai-trv.co.jp/tomonokai_５th-plan）、2019年５月８日最終確認を一部修正。

表２　中外旅行社手配の３泊４日の観光旅程の例

	日程内容		食事	宿泊
10月18日	羽田発	羽田空港14：30集合、JALチェックイン。空路北京へ。飛行機で約４時間（16：50－19：45）	朝：× 昼：× 夜：○機内食	北京
	北京着	専用車でホテルへ移動。宿泊		
10月19日	北京発	ホテルにて朝食後、ホテルを出発（9：30頃）北京空港へ。	朝：○	平壌
	平壌着	北京首都国際空港第２ターミナル高麗航空カウンターでチェックイン、高麗航空を利用し空路平壌へ。	昼：○機内食	
		飛行機で北京－平壌：約２時間		
		平壌国際空港到着後は現地ガイドと共に黎明通り散策後、ご宿泊ホテルへ。	夜：○	
10月20日	平　壌	09：00　ホテルを出発	朝：○	平壌
		09：30　万景台		
		11：00　平壌地下鉄乗車体験 復興駅⇒凱旋駅（乗車時間約15分）		
		11：30　凱旋門、チュチェ思想塔を見学		
		13：00　昼食は名物の平壌冷麺をお召し上がりください。	昼：○ 平壌冷麺	
		14：30　白頭山建築研究院		
		15：30　レンタルサイクリング（約１時間~１時間30分）		
		16：30　康盤石高等中学校学校訪問		
		18：30　夕食は大同江水産物食堂にてお召し上がりください。ホテル着20：30	夜：○ 大同江水産物食堂	

年一〇月催行で一〇名以上であれば羽田空港発着、添乗員同行で一八万八五〇〇円であり、査証申請代一三〇〇〇円、空港諸税一五万五〇〇〇円＋燃油サーチャージ、シングルルーム利用一泊あたり八〇〇〇円が別途かかるという。「朝鮮旅行友の会」の企画となっており、リピーターにも対応できるよう白頭山建築研究院や大同江水産物食堂など新たな訪問地も含まれている。

また、日本人の送客を大連所在の旅行会社を通じて行っているコリアツアーズ手配の観光旅程も見てみることにする（表3）。こちらは丹東発着、国際鉄道利用となっており、ツアー料金は一人だと一九万円、二～五人だと一六万一〇〇〇円、六～九人だと一四万九〇〇〇円、一〇人以上は要問合せとなっている。日本国内と丹東の間の交通費は含まれていないため費用面での単純比較は難しいものの、スケジュールは非常に似通っていることがわかる。

いずれも北朝鮮国内では三食が付いており、二名の案内員が同行することになるなど基本的な条件は同じである。つまり、日本もしくは国外のいかなる旅行会社で手配しても北朝鮮での旅行内容は大きく変わらない。北朝鮮の国営旅行社である朝鮮国際旅行社が日本人観光客の受け入れを一手に引き受けているからである。受け入れ先が同一であるため、日本もしくは国外の旅行会社の間の競争関係は、リピーターを含む顧客のニーズに合わせた新たな観光商品の開発のほか、旅行費用、出発前の相談対応や添乗員の同行といったサービスの提供による差別化によって成立してきたのである。

中国やロシアとの国境地域である、北朝鮮北東部の羅先《ラソン》への二、三泊の観光や中国国境に接する新義州《シニジュ》への日帰り観光を除き、北朝鮮観光のコースは、首都・平壌が発着点となる旅程が大部分である。平壌を起点として地方の主要観光地を点と点で結ぶ観光ルートの原則には長年大きな変化が見られない。一

表３　中国丹東からの北朝鮮旅行の旅程の例

日　時	都市名	現地時間	交通機関	スケジュール
1日目	丹東	8：20	国際列車	8：20　丹東駅集合
	新義州	13：10		新義州到着後、10分間休憩
	平壌	18：00		18：00　平壌到着、レストランで夕食
				ホテル泊
2日目	平壌	終日	専用車	午前：平壌の万寿台噴水公園、万寿台大記念碑、千里馬銅像、凱旋門などを見学
				午後：万景台、地下鉄乗車、教育施設にて課外授業など見学後、子供たちの文化公演を鑑賞
				ホテル泊
3日目	平壌	終日	専用車	午前：専用車にて開城へ（約２時間、高速道路を走行）。到着後、板門店へ軍事境界線参観、停戦談判会議場、停戦協定調印所など見学、開城の高麗博物館、名物飯床器の昼食
	開城			
	平壌			午後：平壌へ、チュチェ思想塔（主体思想塔）、建党記念塔などを見学
				ホテル泊
4日目	平壌 新義州	丹東到着 16：23	国際列車	ホテルにて朝食後、金日成広場を見学し、平壌駅へ（新義州経由）
	丹東			16：30　丹東に到着
				17：00　丹東駅を出発 お疲れさまでした

※「2019年朝鮮ツアー８コースと旅費比較一覧 さらに豊富なオプションでより充実した旅へ」コリアツアーズホームページ（http://koreatoursdl.com/）内、2019年５月31日最終確認を一部修正。

九九四年一一月に筆者が初めて参加した北朝鮮ツアーは、次のような行程であった。「地球の旅」という中堅旅行会社が主催したツアーであったが、実際の手配は中外旅行社が行っていた。

一日目　一五：二〇北京出発、一七：四〇平壌到着（高麗航空）、民族食堂にて夕食、高麗ホテル泊
二日目　専用バスにて開城へ、板門店視察、開城民族旅館泊
三日目　開城市内観光（南大門、成均館など）、平壌へ、高麗ホテル泊
四日目　南浦へ、南浦市内観光（西海閘門など）、平壌へ、サーカス観覧、高麗ホテル泊
五日目　平壌市内観光（主体思想塔など）、一一：五〇平壌駅出発、国際列車で北京へ

一九八七年に日本人観光客の受け入れが始まった当時の基本コースとほぼ同様の内容である。日程が長くなればここに妙香山が加わり、さらに余裕があれば元山と金剛山が加わるのが一般的であった。

今ではYouTubeを通じて北朝鮮に観光で訪れた人たちの映像を容易に見ることができるが、観光黎明期の様子は、一九八八年九月の北朝鮮建国四〇周年を記念した一〇〇万人パレードの模様を収録したドキュメンタリー映画「金日成のパレード」（ポーランド映画、一九八九年）を見れば、おおよそ把握できる。映画撮影陣に公開された場所と外国人観光客が案内される場所はほとんど同じだったからである。

西海閘門や後に開放された龍岡温泉程度しか目玉の観光地が無い南浦が通常の旅程にセットされる割合は減り、近年は平壌と開城・板門店の組み合わせが基本コースとなっている。

北朝鮮観光の主流が平壌を起点とする点と点を結ぶコースであり、欧州、米国旅行などで見られる「周遊」がほとんど存在しないのには、入国した外国人の管理を徹底するためという側面もあろうが、主要な地方都市との高速道路（「観光道路」と呼ばれる）が平壌を起点として整備されていること、さらに平壌からの国内便が漁郎《オラン》空港、三池淵《サムジヨン》（白頭山）空港、葛麻《カルマ》（元山）空港など一部に限定されている、という交通事情があるだろう。二〇一八年夏期を例にとれば、平壌から漁郎、三池淵へ週二便、葛麻まで週一便だけ定期便が出ていた。国内定期便はそれだけであるし、鉄道インフラは劣悪で、中朝国境の新義州から平壌の間を除き、鉄道を目玉としたツアーを除いては移動手段として鉄路を利用した手配はあまり行われていない。

※1 「人気スポットは板門店／朝鮮観光のいま」朝鮮新報平壌支局版、二〇一八年一一月一日付。キム・チュニ局長へのインタビュー詳細は、「多くの観光商品開発、外国人の中で人気」朝鮮新報平壌支局版、二〇一八年一一月二日付。

北朝鮮の「人気」観光地

二〇一二年に日本で発行されたガイドブック、『朝鮮魅力の旅 改訂版』では、掲載順に平壌、妙香山、開城（板門店を含む）、金剛山、白頭山、元山、七宝山、南浦、九月山・沙里院の九カ所が観光地として紹介されている。[※1] 一方、二〇一四年に北朝鮮で発行された日本語ガイドブックである『朝鮮観光』では、それらに加え、豆満江《トゥマンガン》地区（会寧、穏城《オンソン》、王在山《ワンジェサン》）、中江《チュンガン》、海州、安州、新義州・義州、咸興、清

津（清津・七宝山地区として紹介）、羅先まで網羅されている。[※2]
そのうち日本人が多く訪れる観光地、人気の観光地とは、いったいどのようなところなのだろうか。
株式会社ジェイエス・エンタープライズが二〇一八年秋に発表した「人気モデルコースランキング」は、次の五つのコースを挙げている。[※3]

①「インスタ映えする平壌・板門店」
②「そうだ！平壌に行こう！」（実質的に平壌一日のみの短期旅程）
③「朝鮮の車窓から」
④「元祖平壌冷麺食べ比べ！」
⑤「建国七〇周年記念！革命力全開」（党創立事績館、中央階級教養館、工場・協同農場、信川博物館等を訪問）

同社は、ＳＮＳをを積極的に活用して新たな市場開拓に努めてきたようである。「インスタ映え」との表現からは、若い観光客を集める狙いが窺われるが、実際には、「ビギナーからリピーターにも不動の人気No.1モデルコース」と紹介されていることから、平壌と板門店を組み合わせた前述の基本旅程と同様の内容であることが分かる。

ここではまず、外国人観光客にとっておおむねメジャーと考えられる順に、北朝鮮の主要な観光地を見ていくことにする。

※1　月間イオ編集部編『朝鮮魅力の旅改訂版』朝鮮新報社、二〇一二年。
※2　朝鮮民主主義人民共和国国家観光総局『朝鮮観光』平壌：観光宣伝社、二〇一四年。
※3　JS TOURSウェブページ、http://js-tours.jp/、二〇一八年一一月一一日確認。

◎平壌《ピョンヤン》

首都・平壌は多くの外国人観光客が訪れる場所である。日本人観光客にとっては平壌国際空港（順安空港）や平壌駅が北朝鮮観光の出発点・帰着点となるケースが多く、いかなるガイドブックも平壌に最も多くのページ数を割いている。

平壌の居住者数は、北朝鮮の全人口約二五〇〇万人の一〇分の一程度に抑えられており、現在約二五〇万近くの人々が住んでいる。そのうち平壌中心部の居住者は五〇万人しかいない。

金日成と金正日の巨大な銅像がある**万寿台大記念碑**《マンスデ》に花束を捧げることが慣例だったが、二〇一六年秋頃から外国人観光客には全く強制されなくなった。むしろ自発的に希望しないと参拝できず、基本の旅程には組み込まれない。これは、実用主義的な性向も持つ、金正恩自身の方針であると考えられる。先代指導者の偶像化、「偉大性宣伝」にかかわる問題については、一般の幹部達に大きな政策変更をする権利が認められているとは考えづらい。

この巨大銅像の左右には、抗日革命闘争と社会主義建設の歴史を表現した群像がある。北京の天安門広場にも似たようなものが設置されているが、中央には毛沢東主席の銅像ではなく遺体が安置されていることはよく知られている。また、ラオスの首都ビエンチャンには、建国の父とされるカイソーン・ポムウィハーン主席の銅像があり、その両脇にやはり同様の群像が設置されている。群像は北朝鮮の万寿台創作社が製造したものである。

金日成・金正日大銅像の後ろには、三代最高指導者の業績を称える朝鮮革命博物館もあり、こちらも外国人に開放されて久しい。[※1] 一九四八年に国立中央解放闘争記念館として建造され、改築が繰り返されてきた。

基本的な観光コースに含まれるものとしては、主体《チュチェ》思想塔、凱旋門、万景台《マンギョンデ》、地下鉄見学などがある。

主体思想塔は、北朝鮮の現行憲法で、先軍思想と並んで「自らの活動の指導的指針」（第三条）と定められている主体思想を象徴したものである。世界一高い石塔と言われ、米国の首都ワシントンDCにあるワシントン記念塔よりも一メートルほど高い。一九八二年四月一五日、当時党書記だった金正日が古希を迎えた金日成に贈ったものであり、有料であるがエレベーターで展望台に上ることができる。一九九〇年代までは、在日朝鮮人の夫とともに北朝鮮に渡った日本人妻がここで日本人観光客の案内を担っていた。

凱旋門は、金日成が抗日パルチザン運動を経て祖国に凱旋したことを記念するものとして、主体思想塔と同時に除幕された。パリの凱旋門より一〇メートル高いとされる。金正恩時代に入り、こちらもエレベーターで展望台に上ることができるようになった。

万景台は、金日成の生誕地とされ、生家は北朝鮮で聖地の一つとなっている。極端に曲がった甕などを展示し、貧しい家庭に育ったことが強調され、北朝鮮国内からの参観客も数多い。

平壌地下鉄は、モスクワ地下鉄のように核シェルターを兼ねており、地下一〇〇メートルと非常に深くまでエスカレーターで降りていく構造である。豪華なシャンデリアのある栄光《ヨングワン》駅（鉄道の平壌駅付近）と復興《プフン》駅の間の千里馬《チョルリマ》線一区間に案内されるのが一般的であるが、希望により他の区間や革新《ヒョクシン》線への乗車も可能になっている。但し、外国人観光客にとって地下鉄はあくまでも見学の対象であり、主要な移動手段とはなっていない。そのため、現状では運賃五ウォン（実勢レートで約〇・〇七円）のところ、外国人観光客は案内パンフレット込みで二ユーロ（約二四〇円）を請求される。

それ以外にも外国人に開放されている場所は、閲兵式・軍事パレードが開催されることで有名な**金日成広場**のほか、モニュメントや博物館、教育施設など数多い。大まかに分類すると、次のような場所が観光地となっている。代表的な場所だけ列挙する（カッコ内は竣工年）。

①モニュメントや革命史跡・聖地

千里馬銅像（一九六一）、党創立記念塔（一九九五）、祖国統一三大憲章記念塔（二〇〇一）、革命烈士陵（一九七五）、愛国烈士陵（一九八六）、祖国解放戦争参戦烈士墓（二〇一三）、錦繍山太陽宮殿（二〇一二、前身の錦繍山記念宮殿は一九九五）

②博物館

祖国解放戦争勝利記念館（二〇一三）、朝鮮中央歴史博物館[※2]、朝鮮民俗博物館、朝鮮美術博物館、党創立事績館、三大革命展示館（一九九三）、科学技術殿堂（二〇一六）、金日成花・金正日花展示館（二〇〇二）

③教育施設

人民大学習堂（一九八二、中央図書館）、万景台学生少年宮殿、平壌学生少年宮殿、金日成総合大学[※3]、金策工業総合大学、平壌外国語大学、金元均名称音楽総合大学、高等中学校、小学校、蒼光幼稚園、金正淑託児所

④競技場

メーデースタジアム（一九八九）、金日成競技場

⑤娯楽施設

蒼光院、柳京バラ院（二〇一五）綾羅イルカ館（二〇一二）、凱旋青年公園遊園地（二〇一〇リニューアル）、大城山遊園地（一九七七）、中央動物園（一九五九）、美林乗馬クラブ（二〇一三）、紋繍プール（二〇一三）、メアリ射撃館（二〇一四リニューアル）

⑥景勝地

龍岳《リョンアク》山、牡丹峰《モランボン》、大城《デソン》山

⑦歴史的建造物（復元されたものも含む）

檀君陵[※4]（一九九四）、高句麗壁画古墳[※5]、広法寺、安鶴宮址、東明王陵、定陵寺

⑧主要な通り

黎明通り（二〇一七）、未来科学者通り（二〇一五）、倉田通り（二〇一二）、光復通り、統一通り

⑧その他

朝鮮芸術映画撮影所（一九四七、但し国立映画撮影所として）、万寿台創作社（一九五九）、万寿台議

事堂、平壌産院（一九八〇）[※6]

これらへの参観、視察のほか、学生少年宮殿や小学校などでの公演観覧、二〇一一年にリニューアルされた平壌サーカス劇場でのサーカス公演や、不定期で開催されるマスゲーム公演などの観覧も可能である。希望を出せば映画鑑賞等も認められる場合がある。他にも、特定の祝日に合わせて訪朝すれば、金日成広場で開催される夜会や花火大会「祝砲夜会」を見物できる。鳳岫《ポンス》教会などの宗教施設も憲法に明記される「信仰の自由」（第六八条）を宣伝するため、外国人観光客にも公開されている。

さらに、観光客にとっては、食事やショッピングも重要であろう。平壌を訪れる日本人観光客は、民族食堂や清流《チョンニュ》観光記念品商店、平壌アヒル肉専門食堂、書斎閣といった朝鮮国際旅行社と提携関係にあるレストランや、ホテル内の食堂に案内されるのが通例である。だが、それらをキャンセルして別途自費で別のレストランを訪れることも可能である。ツアーによってはオプショナル対応となる。

外国人観光客が訪問することのできる代表的なレストランとして、冷麺とアイスクリームで人気のある玉流館のほか、同じく冷麺を供する清流館、和食店も入っている安山館、「金正日の料理人」藤本健二[※7]氏が寿司やラーメンを提供する日本料理たかはし及び平壌ラーメン店、平壌タンコギ店[※8]、イタリア料理専門食堂、北朝鮮初のハンバーガーショップである三大星清涼飲料店などがある。高級店としては、金正恩の指示によって二〇一三年にオープンしたヘダンファ館や二〇一八年にオープンした大同江《テドンガン》水産物食堂の利用も可能である。[※9]二〇一五年一〇月には大同江のほとりにレストラン船「ムジゲ（虹）号」がオープンした。四階建ての船内に一二三〇名あまりが乗船できるという。

但し、リクエストによるこれらのレストラン訪問には、二人の案内員と運転手も同行することになり、観光客一人であれば四人分の食費を負担することになるため、ちょっとした食堂であればあっという間に一万円を超える。定められた日程からやや外れ、これらのレストランをリクエストベースで訪問することにより、平壌中心部に急増する富裕層の姿を垣間見ることもできる。

ショッピングとしては、大聖《テソン》百貨店、楽園《ラグォン》百貨店などの外貨ショップのほか、外国人観光客向けの土産店、ホテル内のショップが対象となり、民芸品、北朝鮮製の菓子類、食品のほか、二万円程度で人民服（北朝鮮では「開襟洋服」と言う）も買えるようになっている。

光復商業中心という三階建ての大型スーパーマーケットも利用できるようになった。ここに関しては、外貨払いではなく内貨による支払いが求められるため、日本人観光客にとっては内貨に触れられる貴重な機会の場となっている。北朝鮮を代表する平壌第一百貨店は、リクエストに応じて外国人観光客にも参観が許可されることがあった。平壌では食事やショッピングについて徐々に選択の幅が広がっていることは間違いない。

日本人観光客の宿泊先としては、主に高麗《コリョ》ホテルが選ばれるが、普通江《ポトンガン》ホテルや、中国人観光客の多い羊角島《カンガクト》国際ホテルが利用されることも多い。他に、青年ホテルや牡丹峰《モランボン》ホテル等、事前の申請により多くのホテルが選択肢にあるが、在日朝鮮人の利用が多い平壌旅館は二〇〇〇年頃から日本人観光客は利用しづらくなった。

※1　朝鮮革命博物館の様子については、金明男『朝鮮革命博物館』平壌：外国文出版社、二〇一八年。

※2　各地の歴史博物館や美術博物館については、張慶姫（池貞姫・村上和弘・松永悦枝訳）『北朝鮮の博物館』同成社、二〇一八年が詳しい。

※3　大学を訪問することは可能だが、参観できるのは金日成総合大学の場合には金正日が学生時代にいかに学んだかを知る事績館、金策工業総合大学は電子図書館など限られた場所になる。授業の様子を外国人観光客に公開しているのは、平壌教員大学、平壌外国語大学等。なお、図書館事情については阿部健太郎「北朝鮮の図書館事情」『カレントアウェアネス』三一八号（二〇一三年一二月）、四―七頁。

※4　平壌市江東郡に位置する檀君陵は、朝鮮民族の始祖とされる檀君の「遺骨」を祀った場所である。一九九三年一月に発掘され、翌年一〇月に竣工。別途拝観料を支払うことで陵内部を見学することもできる。

※5　二〇〇四年にユネスコ世界文化遺産登録。

※6　平壌産院は一九八〇年代から外国人観光客に広く開放され、「全般的無償医療」制を宣伝する場となってきたが、外国人が治療を受ける際には東平壌の大使館街に位置する平壌親善病院が担当している。

※7　藤本健二『金正日の料理人―間近で見た権力者の素顔』扶桑社、二〇〇三年。同『金正日の私生活―知られざる招待所の全貌』扶桑社、二〇〇四年。同『核と女を愛した将軍様―金正日の料理人「最後の極秘メモ」』小学館、二〇〇六年。同『北の後継者キムジョンウン』中公新書ラクレ、二〇一〇年。同『引き裂かれた約束 全告白・大将同志への伝言』講談社、二〇一二年。

※8　タンコギとは「甘い肉」の意味で、犬肉を指す。

※9　「敬愛する金正恩元帥様が開業を控えたヘダンファ館を見て回られた」『労働新聞』二〇一三年四月二八日付。「敬愛する最高領導者金正恩同志が新たに建設された平壌大同江水産物食堂を見て回られた」『労働新聞』二〇一八年六月九日付。「わが国を訪問する外国の客にもサービスするようにすることについて教えられた」との記述がある。

◎開城《ケソン》・板門店《パンムンジョム》

平壌から地方に足を延ばすとなれば、第一の候補となるのが開城・板門店であり、三泊四日以上の多くのツアーが平壌からの日帰り観光を含めている。平壌から開城までは観光道路が整備されている。

開城は、朝鮮半島初の統一国家として北朝鮮の歴史観において重視されている高麗（九一八―一三九二年）の都であり、高麗博物館のほか王建陵《ワンゴン》、南大門、善竹橋《ソンジュク》などが主要な観光名所となっている。

宿泊は一九八九年に開業した平屋の民族旅館が定番となっており、日帰り観光であってもここで飯《パン》床器《サンギ》（韓国の韓定食にあたる）や参鶏湯《サムゲタン》の昼食を取るのが一般的であった。二〇〇七年一二月から二〇〇八年一一月までは主に韓国人を対象としたソウルからの日帰り観光も行われ、この旅館が昼食を供していた。

開城から南東へ約八キロの位置にある板門店は、南北朝鮮の分断を象徴する場所として知られている。朝鮮戦争の休戦協定が締結された地であるばかりか、二〇一八年四月と五月には南北首脳会談の開催地として注目された。

南北双方にとって格好の体制宣伝の場であり、それぞれ観光地として活用してきた。韓国側でもソウルからの日帰りツアーが出ているが、このツアーに参加する際には、北朝鮮側の宣伝に使われぬよう、手を振ってはならない、ジーンズを着用してはならないといった細かい規則が存在した。一方、北朝鮮側から板門店を訪れる際にそのような制約はほとんどない。

南北双方にとって長年にわたり体制宣伝の場として活用されてきた板門店だが、とりわけ軍事休戦委員会の会議室などが見どころとなる。一九八四年一一月には観光客のガイドをしていたソ連人大学生が韓国側に駆け込むという事件が発生している。

◎妙香山《ミョヒャンサン》

北朝鮮が外国人観光客を受け入れ始めた頃から、平壌、開城・板門店に次いで重視してきたのが、避暑地の妙香山である。平壌から約一五〇キロの道のりで観光道路が整備されているため、日帰りも可能である。観光の拠点となる香山ホテルは、平壌の高麗ホテルや羊角島国際ホテルとともに特級ホテルに数えられ、国際会議の開催にも用いられてきた。

普賢寺のほか、金日成と金正日に世界各国の人士から贈られた品々を展示する**国際親善展覧館**が主たる観光地になる。※1

※1　一九八〇年代初頭までの贈り物については、『国際親善展覧館』平壌：外国文出版社、一九八二年。

◎元山《ウォンサン》・金剛山《クムガンサン》

日本海に面する元山は、冷戦期にはソ連及び東側諸国から多くの親善団体が訪れ、観光地として海水浴場などの開発が進められてきた。また、新潟港との間をと往来する万景峰《マンギョンボン》九二号などの貨客船が着岸する港町としても知られてきた。

平壌からは約一九六キロの観光道路が整備されており、三時間強で到着するが、道路事情による遅延も多い。もともと**松涛園**《ソンドウォン》、**明沙十里**《ミョンサシムニ》といった海岸の名勝があるが、二〇一九年以降にはさらに**葛麻**《カルマ》**観光地区**として大きく生まれ変わることになっている。元山での宿泊地は、主に松涛園ホテルや東明《トンミョン》ホテルになる。

また、二〇一三年大みそかに金正恩が立ち合いのもと**馬息嶺**《マシンニョン》**スキー場**がオープンし、馬息嶺ホテルが利用できる。※1 同ホテルの充実した施設は北朝鮮の自慢であり、外国人観光客は宿泊客でなくとも部屋を案内される。平壌の大同江水産物食堂や美林《ミリム》乗馬クラブ、美林航空クラブもそうであるが、金正恩の直接的指示で建設された施設は大変豪華である。スキー場オープン当初は、一日五千人の利用者を想定していたともされる。[※2]

元山は金剛山に至る中継地としての役割も担っている。**金剛山**は、朝鮮の「六大名山」（白頭山、金剛山、妙香山、九月山、七宝山、韓国の智異山《チリ》）の中でも中朝国境にそびえる白頭山とともに名高く、一九九八年からの一〇年間ほどは韓国からの観光客も受け入れてきた。朝鮮語のことわざで「金剛山も《クムガンサンド》食後《シック》の景《ギョン》」というのがある。日本語の「花より団子」に該当し、朝鮮半島の人々にとっては魅力的な旅行先となる。金剛山での宿泊先は、主に外金剛ホテルになる。

※1 「敬愛する金正恩同志が完工された馬息嶺スキー場を見て回られた」『労働新聞』二〇一三年一二月一日付。
※2 「馬息嶺のスキー場」宮塚利雄・宮塚寿美子『朝鮮よいとこ一度はおいで！』風土デザイン研究所、二〇一八年、一一七頁。

◎南浦《ナンポ》

現在のように多くの地方都市が外国人観光客に開放される前、とりわけ一九九〇年代までは、平壌の外港にあたる南浦も主要な観光地の一つであった。平壌から観光道路が整備されており、金正日政権期には、開閉式ダムの**西海閘門**が平壌からの日帰り観光の定番となっていた。ハマグリのガソリン焼きは「名物」として別料金で提供される。金正恩時代に入ると、**龍岡《リョンガン》温泉**（龍岡温湯院《オンタンウォン》）が南浦観光の主要スポットとして確立した。二〇一八年八月、日本人観光客が初めて北朝鮮で拘束される事件が発生したのは南浦であった。港口《ハング》ホテルにも宿泊可能である。

◎沙里院《サリウォン》

黄海《ファンヘ》北道の道都で平壌の南約七〇キロに位置する。平壌から開城を結ぶ観光道路上にあることから、一九九〇年代半ばから**九月山**《クウォルサン》や信川《シンチョン》に向かう途上で立ち寄られるようになったが、二〇〇六年に**民俗通り**がオープンしてから本格的に開放され、三・八旅館への宿泊も可能になった。郊外の**正方山**《チョンバンサン》も外国人観光客に開放されている。

◎信川《シンチョン》

朝鮮戦争時に米軍による朝鮮人虐殺が行われた場所として国民教育に利用されてきた**信川博物館**は、一九九八年以降、日本人観光客にも開放された。「災害や戦争などの悲劇の跡をめぐる旅」を意味するダークツーリズム[※1]の、北朝鮮における代表例である。

※1　ダークツーリズムについては、前掲『入門観光学』、二三九―二五一頁。

◎新義州《シニジュ》

平安《ピョンアン》北道の道都で中朝国境に位置し、鴨緑江を挟んで中国遼寧省の丹東と向き合う。平壌と北京を往来する国際列車は、新義州で二時間ほど停車し、出入国手続きと税関検査が行われる。中国人を対象とした日帰り観光は長年行われてきたが、二〇一五年夏から平壌を経由することを前提としていた日本人観光客の訪問も認められるようになった。主たる受け入れは、平安北道の地方旅行社である妙香山旅行社である。

丹東から日帰りもしくは一泊二日の旅程は、二〇一七年から受け入れが中断していたが、二〇一九年五月に一時再開し、直後に再び中断した。朝中親善橋を渡ってから**革命事績館**、**歴史博物館**等をめぐり**新義州市本部幼稚園**で子供たちの公演を観覧するというコースが定番となっている。なお、再開前までも新義州観光は可能であったが、次の通り、あくまでも平壌への入境を前提とした点と点を結ぶルートで、最低でも二泊三日を要した。二〇一八年夏現在、中外旅行社の手配で旅行費用一三万七〇〇〇円、査証一万三〇〇〇円、空港諸税四一〇〇円で合計一五万四一〇〇円であった。

▼日本人の新義州観光（モデルコース）

一日目　平壌着、平壌市内観光、平壌泊
二日目　一〇：一〇平壌駅発、一五：三〇新義州駅着、新義州市内観光、新義州泊
三日目　新義州民俗通りなど市内観光　一七：三〇新義州駅発、一七：〇〇丹東駅着

▼中国人の新義州観光

中国人は丹東から新義州への観光に旅券や査証を必要とせず、低費用なことから、例年大量の

送客がある。多くの中国人は、北朝鮮のイデオロギーや政治社会体制への強い関心というよりも、毛沢東時代を彷彿とさせるノスタルジックな旅行先として、さらに安・近・短の気軽な海外として楽しんでいる様子である。大きな関心がなくとも韓国を旅行先に選ぶ日本人が大勢いることが想起される。

丹東をはじめとする遼寧省所在の旅行会社が競い合って集客しているが、北朝鮮での日程は同様で、受け入れは非常にシステマティックである。ここでは丹東で多くの送客数を誇る「和平国旅」という旅行会社の日帰り観光日程を見てみよう。[※1]

七：三〇　丹東税関に集合
八：〇〇　丹東で出国手続き、鴨緑江大橋（中朝友誼橋）から出国して新義州で入国手続き
九：二〇　新義州市中心広場（駅前広場）、銅像に献花
一〇：三〇　平安北道革命事績館、南新義州に赴いて永生塔、民俗公園
一一：三〇　昼食
一三：一〇　平安北道美術博物館もしくは歴史博物館
一四：五〇　平安北道本部幼稚園、子供たちと写真撮影して記念品贈呈
一六：一〇　新義州鴨緑江公園、出国手続き、中国に帰国

一人七九〇〇元（約一万二八〇〇〇円）の費用には、昼食や入場料のほか案内員へのチップ、旅行

保険も含まれている。

北朝鮮観光では国籍別に三段階の料金設定がされており、新義州一日観光も日本人の場合は四万円、一泊二日だと六万五千円程度要する。それに比べれば中国人向け価格は破格とも言えるが、提供される食事の内容等は異なっている。日本人が一、二名程度の少人数で不定期に渡航することが多いのに対し、中国人は数十名単位の団体によるツアーが連日組まれるという背景もある。

また、中国人向けの場合、旅行の二日前までに査証を申請すればよく、必要書類として必ずしも旅券を必要とせず、身分証のコピーでも良いとされる。

ツアー案内には、北朝鮮滞在中は「北朝鮮の政治、経済状況について評論してはいけない」「とりわけ朝鮮人民の敬愛する金日成主席と金正日書記《ママ》について評論してはいけない」などの注意事項が列挙されている。

興味深いのは、「新義州から東林《トンニム》に至る途上で窓の外にいかなる記念品や食品を投げてはいけない」というルールである。中国人が北朝鮮の貧しさを見て面白がり、このような行為を行うケースを防止するための言及である。

また、中国側の旅行社が自主的に携帯電話やノートパソコンの持ち込みを「禁止」としている。一律に禁止しなくては団体の統率ができないのであろう。

※1 「朝鮮特色一日游」和平国旅ホームページ（http://www.ddhply.com/line/339929.htm）、二〇一九年五月三一日最終確認。

◎白頭山《ペクトゥサン》

六大名山の中でも金剛山とともに名が知られ、中国では長白山と呼ばれる。金正日が誕生した場所とされているため、聖地扱いされているだけでなく、観光地としても重要視され、北朝鮮国内から選ばれた模範学生や模範労働者が「踏査」という名のもとに登山している。カルデラ湖の**天池**や**鯉明水《リミョンス》の滝**といった名勝のほか、**三池淵《サムジヨン》大記念碑**、**白頭山密営**などが主要な観光地になる。外国人観光客は平壌から三池淵まで空路で入ることになるが、個人で航空便をチャーターすると六〇万円ほど高額のため、夏期に催行されるツアーに乗るのが一般的である。主な宿泊先は枕峰《ペゲボン》ホテルになる。

◎九月山《クウォルサン》

沙里院に近く、六大名山の中では平壌から約一〇〇キロの距離でアクセスが良い。しかし外国人観光客にとっては白頭山や金剛山ほどの絶景が見られるわけでもなく訪問客は多くない。

◎清津《チョンジン》

咸鏡《ハムギョン》北道の道都であり、ロシアと中国は総領事館を設置している。港湾都市として知られ、北朝鮮帰国事業における日本からの帰国船の到着地であったほか、日本人拉致被害者が連れてこられたのも清津港であった。

咸鏡北道では、道の旅行会社として七宝山《チルボサン》旅行社が独占的に手配、案内することになっている。地方旅行社の七宝山旅行社は小規模であり、二〇一八年八月現在、中国語ガイド四名、英語ガイド二名、ロシア語ガイド二名が所属している。咸鏡北道に来る外国人はほとんどが中国人で、日本人観光客は二〇一八年に延べ六名、二〇一七年に四名が訪問しただけだという。

訪問ルートとしては、平壌から漁郎《オラン》空港に飛ぶ方法があるほか、羅先から陸路で入る方法もある。後者の場合には、羅先市と咸鏡北道を隔てる厚倉《フチャン》国内税関から未舗装道路を三時間走ることになる。

金日成・金正日の銅像「太陽像」は各道の道庁所在地に設置されることになっており、**清津広場**のシンボルになっている。銅像正面に向かって左手は**咸鏡北道革命事績館**であり、外国人観光客にも開放されている。事績館とは、最高指導者がその地で行った「革命活動」を紹介する場所であり、各道に設置されている。革命博物館や事績館に共通のルールとして、館内の撮影は禁止されているほか、手荷物もクロークに預けなくてはいけない。全体的に厳かな雰囲気に包まれている。

右手が**咸鏡北道図書館**であり、こちらも外国人観光客に公開されている。**ソ連軍烈士陵**付近から清津港を眺め、外国人船員倶楽部食堂で食事をとるのが定番である。元在日朝鮮人の支配人がいる清津観光ホテルが主たる宿泊先となる。

◎七宝山《チルボサン》

咸鏡北道に位置する山。欧米人が好む比較的長期間の旅程では組み込まれることが多い。清津から**執三《チブサム》革命事績碑**、**鏡城《キョンソン》温泉**を経由して、日本海沿いに四時間ほど南下すると、六大名山に加えられた七宝山に至る。二〇〇四年一二月一二日に民泊施設の整備について指示が出され設置された七宝山民宿所は、ホテルや旅館とは異なる形態の宿泊施設として好評を博したが、日本人と米国人は原則として宿泊できない時期が長らく続いた。外七宝《ウェチルボ》ホテルも利用できる。

◎羅先《ラソン》

北朝鮮版経済特区の第一号といえる「経済貿易地帯」の羅先は、隣接する咸鏡北道との間に厚倉と恩《ウン》徳《ドク》二つの国内税関が存在し、北朝鮮国内でも隔絶された社会となっている。中国と咸鏡北道を直接往来する場合には図們・南陽《ナミャン》国境が使われる。一方、会寧《フェリョン》は国際税関になっておらず外国人は使用できない。地方都市間を結ぶ道路はほとんどが未舗装のため、南陽、会寧、清津、七宝山、羅先を巡ればおおむね四泊五日の日程になる。

羅先は他の地方都市に比べれば、案内員同行のもとではあるが散策や写真撮影の規制が格段に緩い。その発展ぶりに自信を持っているのであろう。[※1] その証拠に、**羅津市場**は主要な観光地の一つになっている。日本人観光客に開放されている北朝鮮唯一の市場である。[※2] また、毎年夏には**羅先国際商品展示会**が開催されており、羅先市民の購買力を目にすることができる。羅先の大きな特徴として、ここが中国人民元の世界だということも挙げられる。現地の人々が人民元で買い物している様子をみかけることができる。観光目的の入国ではないが、日本人研究者が羅先訪問時の記録を残しており、経年変化を見るのに役立つ。[※3]

日本人観光客も羅先については、中国延辺朝鮮族自治州琿春市の圏河からの入国が可能であり、平壌に入ってから移動するよりも時間と費用を大きく節約できる。

その地理的特殊性から、新義州同様に、中国人観光客による一泊二日のツアーがほぼ毎日入っており、繁忙期は一日に二〇〇人が入境する。

羅先が特別市に格上げされたのに伴い銅像が建立され、その左手に羅先革命事績館、右手に羅先劇場がある。劇場では外国人観光客を相手に子供たちが歌や舞踊を披露する。その他、中国やロシアとの三国国境や、為替業務に応じてくれる黄金の三角州銀行、土産店も兼ねる外国文書店、金日成花・金正日花展示館が定番の訪問地となるが、羅先観光のハイライトは工場見学であろう。ペットボトルのミネラルウォーターや甘酒のほか、ビール、焼酎などを製造する羅先飲料工場のほか、靴工場、カバン工場、被服工場、養魚場などが参観可能となっている。各工場は旅行会社を通じて参観料を徴収することにより、体制宣伝とともに外貨獲得の一翼を担う。日本人観光客が宿泊するホテルとしては、東明山《トンミョンサン》ホテルや羅津観光ホテルなどがある。

もう一つ、羅先を特徴づけるものとしてカジノの存在が挙げられるが、これについては第三章で詳述する。

国家観光総局の下に各道の観光局があり、羅先市の場合は羅先市観光管理局が管轄する。その傘下にある羅先国際旅行社には中国語ガイド四〇名、英語ガイド六名のほか日本語ガイド一名がおり、一年間に一万人以上の中国人が観光で訪問している。さらに、二〇一七年に豆満江《トゥマンガン》旅行社が羅先での中国人観光客受け入れを開始したほか、大同江《テドンガン》旅行社、羅先ゴールデンカップ旅行社等もある。※4
羅先についても主要な日程を紹介しておこう。まずは、中国人の観光客を対象としたものである。延辺朝鮮族自治州の延吉をはじめ、吉林省に無数にあるいずれの旅行会社で申し込んでも概ね同様の旅程となる。新義州の短期観光と同様に、中国人に限っては旅券所持を必須としておらず、一回きりの「通行証」で渡航可能となっている。費用は九〇〇元（一万四六〇〇円）程度である。

一日目　延吉を出発、琿春を経て圏河で出国手続き（ここまで二〇〇キロ、約二・五時間）、北朝鮮側の元汀に入国後、羅先市へ（六五キロ、約一・五時間）。昼食後、金日成・金正日銅像（羅先革命事績館）、金日成花・金正日花温室、海洋革命事績地参観、羅津港へ（移動に約二〇分間）。国営記念品商店、羅先市中心劇場もしくは幼稚園で小・中学生たちの公演観覧（約三〇分間）、夕食後ホテルへ。

二日目　朝食後、美術展示館、外国文書店参観、その後琵琶島遊覧（移動に約三〇分間、観光は一時間）、羅先大興貿易会社（海鮮加工業）、元汀から出国し、延吉に戻る。[※5]

さらに、次の旅程は、二〇一八年七月に中外旅行社が実際に手配した日本向け羅先観光の旅程である。中国人を対象とした日帰りないし一、二泊の羅先観光と異なり、清津観光等と組み合わせることができる。

一日目　吉林省琿春市の圏河で出国手続き。図們江にかかる元汀橋を渡り元汀里で入国手続き後、羅先国際旅行社の日本語ガイドと合流。昼食後市内観光（太陽像、幼稚園、羅津港、豆満駅、三国国境地帯など）。

二日目　羅先から鏡城に向け出発。途中、執三革命史跡地を参観、昼食後は鏡城温泉につかり、清津に向け出発。

三日目　浦港広場、清津港などを見て鏡城観光ホテルで昼食、その後元汀へ。

これで九万二六〇〇円であるが、もし清津まで行かずに羅先のみで二泊三日の旅程であれば五万九〇〇〇円とかなり安価である。中国人観光客の旅行費用に比べれば高額ではあるものの、個人手配の料金であり、食事内容も異なっている。平壌や新義州観光などに比べれば格段に廉価で旅行できるのは、担当会社が朝鮮国際旅行社ではなく、別会社の羅先国際旅行社であることと関連があるかもしれない。

二〇一五年七月より中国東方航空が関西空港から延吉まで直航便を就航させたことで、羅先・清津二泊三日の旅程も中国での前後泊合わせて五日間あれば日本から赴くことができるようになった。しかし、羅先はおろか中国の延辺ですら日本ではまだマイナーな存在であり、日本人観光客の急増は難しそうである。

その他、日本人観光客が北朝鮮で訪問可能な観光地として、平安南道の平城《ピョンソン》（長寿山《チャンスサン》ホテル）[※6]、咸鏡北道の会寧《フェリョン》（会寧ホテル）、咸鏡南道の咸興《ハムン》（新興山《シヌンサン》ホテル、麻田《マジョン》観光休養所）、黄海南道の海州《ヘジュ》（海州ホテル）などがある。このうち軍港を要する海州については、申請しても入境不許可となることも多い。

このように、日本人観光客を受け入れてから三〇年余りの間に北朝鮮は観光可能な地域を拡大し、観光地の開発を行ってきた。北朝鮮の観光地は、次の四つに大別できる。

①金剛山や白頭山、龍岡温泉など自然環境を利用した観光地
②世界文化遺産の指定を受けた徳興里壁画古墳や江西三墓など歴史的な遺産を活用した観光地
③信川の反米教育施設や各地の革命事績館など北朝鮮とその指導者の「業績」を宣伝する観光地
④主に平壌に集中するものの、凱旋門や人民大学習堂など金日成政権以降に建造された「記念碑的建造物」を中心とした観光地

このうち前二者は、世界各国で見られる観光資源であるが、後二者こそが日本人を含む海外からの観光客を惹き付けるものであると考えられる。いわば「共産主義テーマパーク」としての観光である。[※7]

※1　一九九〇年代の羅先における日本人観光客受け入れについては、旅行記「誰も行かない北朝鮮北東部（羅津・先鋒）遊撃レポ！」(http://www.geocities.jp/jisedaikenkyu/Rason-1.htm)、二〇一八年一二月二三日最終確認が参考になった。
※2　二〇一八年八月現在、混乱をきたすとの理由により中国人観光客には開放していない。
※3　三村光弘「羅先経済貿易地区訪問記」『ＥＲＩＮＡ　ＲＥＰＯＲＴ』No.102（二〇一一年一一月）、四一―四六頁、本誌編集部「制裁の影響広がると北朝鮮・羅先」『東亜』第六十五号（二〇一八年九月）、六八―七三頁など。
※4　羅津-先鋒観光会社『羅津―先鋒ツアー』平壌：観光宣伝社、発行年不明、三九頁。
※5　一九八〇年代初頭までの贈り物については、『国際親善展覧館』平壌：外国文出版社、一九八二年。
※6　平城は、平安南道の道都で平壌の北東約三〇キロに位置する。二〇一三年に開放された（ibid:*North Korea*, p.184）。
※7　「北朝鮮観光に展望はあるのか―活路は『共産主義テーマパーク』」Dayly NK Japanホームページ（https://dailynk.jp/archives/44326/2）、二〇一九年五月三一日最終確認。「清津電子図書館見学と「共産主義テーマパーク観光」ニッポンのインバウンド〝参与観察〟日誌ホームページ（https://inbound.exblog.jp/24779781/）、二〇一九年五月三一日最終確認。なお同ウェブページには、実体験に基づいた北朝鮮観光についての考察が記述されており、大変参考になる。

ツアーの多様化

一九九〇年代半ばから顕著になった観光地の拡大については第三章でも触れるが、ここでは多様化した観光商品について整理しておきたい。

国家観光総局のホームページは、多様なテーマ別観光について紹介している。[※1]その中で、日本人観光客に比較的人気があるのは「大衆交通手段観光」や「鉄道観光」であろう。北朝鮮を訪れる観光客には専用車ないし貸切バスが用意されるため、平壌地下鉄の試乗を除いて大衆交通機関に乗る機会はほとんどない。しかし、申請をすれば、路面電車やトロリーバスの利用は可能である。但し、ほとんどの場合それらは観光客向けの貸切となり、現地の人々が乗っているバスに同乗することは原則としてできない。「鉄道観光」では、「平壌、元山、咸興、清津をはじめ、大都市と妙香山などの景勝地を電車で往来しながら朝鮮の美しい景色と都市を見学でき、朝鮮人民の生活風習も体験することができる」という。「乗り物愛好家観光」では、清津地区でのSL乗車体験も紹介されている。

「飛行機愛好家観光」では、「飛行機の実物参観、写真撮影、試乗などを通じて航空世界に対するそれぞれの好奇心を充足させている」という。平壌空港にはツポレフ134やアントノフ24といった、半世紀以上も前に活躍していた航空機が存在し、それを観光資源にしているのである。「愛好家たちは制作年代の古い多くの飛行機が高度の技術状態を維持していることに驚いており、朝鮮は古い飛行機に最も安全に乗ることができる少数の国の中の一つであると言っている」と胸を張る。地方観光も含む七泊八日の旅程をメインに、イギリス、ドイツ、フランス、オーストリア、オランダなどヨーロッパからの観光客が多いという。
また、軽飛行機、ヘリコプター、旅客機を利用した「平壌上空アビエーション観光」は、「平壌国際空港から離陸して青春通りの体育競技館、科学技術殿堂、未来科学者通りの上空を飛び、大同江を遡って主体思想塔、メーデー・スタジアム、将泉《ジャンチョン》野菜専門協同農場などを往復飛行しながら、日増しに変わりつつある平壌の新しい姿を見られる」という。
スポーツを取り入れた観光も多様化している。「観光客たちは近代的なスポーツ施設を用いて朝鮮のプロ選手やアマチュアたちとのマラソン、サッカー、バレーボール、バスケットボール、バドミントン、ホッケー、スキー、スケート、サーフィンなどのスポーツ競技と共同訓練を通じてスポーツ競技交流も行い、自身のスポーツ嗜好を満足させることができる」という。とりわけサーフィンは目新しく、二〇一四年七月末に日本海側の麻田《マジョン》と侍中湖《シジュンホ》で初ツアーを受け入れたという。
また、二〇一八年九月には、ドイツのサッカー愛好家一七人からなる観光団が平壌を訪問し、国内屈指の強豪とされるフェップル《松明》チームと対戦する「サッカーツアー」が実施され、平壌国際サッカー学校も訪れるなどスポーツ交流が行われたという。[※2]
外国人観光客を受け入れた当時から積極的に宣伝してきたのは、「テコンドー観光」である。日本人には馴染みが薄いが、愛好家は世界各国にいるため、安定した受け入れを行っているようである。スポーツ観光の範疇に入るかは分からないが、一九八七年には平壌ゴルフ場がオープンし、実際にゴルフを楽しむ日本人観光客もいる。[※3]
「登山観光」では、外国人観光客に長年開放してきた金剛山と妙香山をメインとして、「現地でテントを張って宿泊をしながら」の登山も解禁し、ドイツ、イギリス、ノルウェー、ベルギーなどヨーロッパから多くの観光客を迎え入れているという。

「自転車観光」は、「平壌と白頭山、九月山地区をはじめ、有名な観光地で自転車に乗り、活気づいた都市の雰囲気と風致秀麗な名山の独特な景色を楽しめる」という。平壌市内での半日程度の自転車観光は日本人観光客のツアーでも受け入れられている。

また、白頭山で二〇一五年八月に「世界山岳マラソン愛好家たちの最初のマラソン観光」が行われた。「イギリス、アイルランド、フランスなど世界各国から来た観光客たちは白頭山の兄弟の滝から二一キロの区間を走った」という。

他に、「建築観光」は、北朝鮮の誇る「大記念碑的建造物」をめぐるものだが、実例として挙げられているのは基本コースに含まれる主体思想塔、凱旋門、党創立記念塔、人民大学習堂などである。興味深いのは、「朝鮮の建築設計の中心地の一つである白頭山建築研究院を訪問し、朝鮮の有名な建築家と建築分野での交流も行うことができる」とした点である。社会科学院などの研究機関との学術交流は「観光」目的では実施できないが、一部分野では例外が設けられているのかもしれない。

日本人観光客はリピーターが多く、北朝鮮独自の政治社会体制に関心を持つ人が多い。宣伝の仕方によって、マニアが多い日本人観光客にも一部で人気が出るかもしれないのは、「労働生活体験観光」である。朝鮮国際旅行社や羅先国際旅行社などで受け入れており、「協同農場と果樹園で田植え、草取り、りんご収穫などさまざまな労働生活を体験し、朝鮮の農業政策と農業文化の特徴を理解し、朝鮮人民の勤勉、かつロマンチックな働きぶりが体験できる」という。

「朝鮮料理ツアー」も実施され、朝鮮料理専門家の指導の下、数回にわたり、キムチ作り体験などが行われている。※4

これらのテーマ別観光は、ほとんどの場合が平壌の主要観光地や開城・板門店、さらには妙香山といった基本的な観光コースと共に催行されることがほとんどである。

国家観光総局のホームページに掲載されていないものとしては、「朝鮮語学習観光」と呼ぶべきものがある。二〇一八年七月から八月にかけて行われた「朝鮮語レッスンツアー」では、金日成の父親の名を冠した金亨稷《キムヒョンジク》師範大学、金日成の弟の名を冠した金哲柱《キムチョルジュ》師範大学、さらに平壌観光大学等で外国人観光客を対象とした朝鮮語のレッスンが行われ、イギリスやイタリア、スウェーデン、フランス、中国などから観光客が参加したという。二〇〇〇年頃には日本人学習者の受け入れを積極的に宣伝していた時期もあった。日本や中国など海外に所在する旅行会社は、これらの多様なツアーを独自にネーミングして商品化し、手配ないし主催旅行、企画旅行として募集しているのである。

※1　国家観光総局ホームページ、二〇一九年五月三一日最終確認。
※2　「人気スポットは板門店／朝鮮観光のいま」朝鮮新報平壌支局版二〇一八年一一月一日付。
※3　「みんなでＧＯＬＦ　ＩＮ　平壌　五日間　モデルコース」ジェイエス・エンタープライズホームページ（https://js-tours.jp/archives/1819）、二〇一九年五月三一日最終確認。
※4　前掲、「多くの観光商品開発、外国人の中で人気」。

大同江に泊まっているのはレストラン船

第二章

金正恩時代の観光戦略

日本人観光客「拘束」の衝撃

二〇一八年八月二六日、北朝鮮国営メディアの朝鮮中央通信は次のような声明を発表した。

「最近、日本の観光客としてわが国を訪問したS（筆者注：実際には本名が表記された）が共和国の法に違反する犯罪をしでかしたため、該当機関に拘束され調査を受けた。共和国の該当機関では、日本人観光客を人道主義原則にしたがって寛大に赦し、共和国の国外に追放することにした。[※1]」

この日本人観光客の拘束は、一九八七年に北朝鮮が日本人を「観光」で受け入れてから初めて発生した事件であった。S氏は、中国広東省深圳市に拠点を置くヤングパイオニアツアーズ社が主催した英語ガイドによる団体旅行への参加中に拘束された。この団体旅行は、国外からの観光客受け入れで中心的な役割を担っている朝鮮国際旅行社ではない、新興の旅行会社がヤングパイオニアツアーズ社の依頼を受けて手配したツアーであった。日本語ツアーよりも多様な国籍の参加者が見込まれるばかりか、費用が低廉なことがあり、一部の日本人には人気があった。

事件後、日本人観光客は英語ツアーへの参加が不許可となり、朝鮮国際旅行社日本部のみが担当することが検討された。[※2] しかし、北京所在の北朝鮮専門旅行社コリョツアーズは、引き続き日本人観光客の送客を行っているという。[※3]

北朝鮮は、体制宣伝と外貨獲得という二つの目的から観光事業を重視してきたと考えられるが、その姿勢は金正恩政権になって、ますます鮮明になった。[※4]

二〇一八年八月、金正恩国務委員長は、日本海に面する港湾都市、元山《ウォンサン》を中心に設置された「元山葛麻《カルマ》

表４　北朝鮮における邦人拘束

拘束日	被拘束者	概要
1999年12月14日	杉嶋岑 （元日本経済新聞社社員）	塩見孝也元日本赤軍議長とともに訪朝中に「スパイ行為」容疑で拘束。２年２ヶ月の抑留生活を経て、2002年２月12日に釈放
2003年10月14日 （北朝鮮入国日）	サワダヨシアキ （「日本エンタープライズ株式会社部長」）	「貿易取引」で訪朝し「麻薬密輸取引」容疑で拘束。（朝鮮中央通信2003年10月30日報道）
2018年８月10日	S	観光で訪朝し、「法に違反する犯罪をしでかした」。（朝鮮中央通信2018年８月26日報道）

（筆者作成）

海岸観光地区」の建設現場を視察し、翌二〇一九年一〇月までに完成させるよう指示した。同観光地区については、二〇一八年、二〇一九年の「新年の辞」でも触れられている。「新年の辞」は、北朝鮮国民が毎年その体系を徹底して学習することが求められている、最高指導者による演説である。

金正恩が「新年の辞」で初めて「観光」について触れたのは二〇一五年のことであり、「対外経済関係を多角的に発展させ、元山・金剛山の国際観光地をはじめとする経済開発区開発事業を積極的に推し進めていかねばなりません[※5]」という一文であった。金正恩は、演説などを通じて何度も対外経済関係の「多角化」を訴えている。中国一辺倒の貿易、投資は自主路線を基調とする経済建設に反するとの考えであろうが、北朝鮮の観光事業も中国からの受け入れが圧倒的に多いという実情がある。

二〇一八年の「新年の辞」では、「今年、軍民が力を合わせて元山葛麻海岸観光地区建設を最短期間で完工して三池淵郡の整備と端川《タンチョン》発電所建設、黄海南道運河の第二段階の工事をはじめとする主要な対象建設を急がせ、住宅建設に引き続き力を入れなくてはなりません」との一文で観光地区建設に触れている。

写真７　2013年末にオープンした馬息嶺スキー場を視察する金正恩

この時は「最短期間」で完工することを求めているが、日増しに現実的な工期延期をしたことについては後述する。軍人が経済建設に参加することを指示していることも注目される。

二〇一九年はより積極的で、「最上の水準」で完工することを求めている。「全党、全国、全民が轟いて三池淵郡を山間文化都市の標準、社会主義理想郷として立派に変貌させ、元山葛麻海岸観光地区と新たな観光地区をはじめとする我々の時代を代表する対象建設を最上の水準で完工しなければなりません」としているのである。さらに南北関係の文脈で、「当面、われわれは、開城工業地区に進出していた南側の企業人たちの困難な事情と民族の名山を訪ねてみたいという南側同胞たちの希望を考慮して、いかなる前提条件や代価無しに開城工業地区と金剛山観光を再開する用意があります」とも述べており、結果として「観光」に三回言及したことになる。

二〇一三年末に鳴り物入りでオープンした馬息嶺《マシンニョン》スキー場の拡張工事も進められている。金正恩の動静報道を振り返ると、観光開発に関連した場所を数多く訪れていることが分かる。[※6]

さらに、二〇一八年四月二七日に文在寅大統領と初の南北首脳会談を開催した際に署名された「板門店宣言」(「朝鮮半島の平和と繁栄、統一のための板門店宣言」)では、「民族経済の均衡的な発展と共同繁栄を実現するために、「一〇・四宣言」で合意した事業を積極的に推進」することが約束された。[※7]金正日と盧武鉉《ノムヒョン》の間で二〇〇七年に署名された「一〇・四宣言」(「南北関係の発展と平和・繁栄のための宣言」)が再確認されたのである。

二〇一八年九月に平壌で開催された、史上五回目となる南北首脳会談では、一〇年間中断していた金剛山《クムガンサン》観光の再開がより具体的に約束された。この時署名された「九月平壌共同宣言」の第二条二項は、「北と南は、条件が整うことによって開城《ケソン》工業地区と金剛山観光事業をまず正常化して、西海経済共同特区及び東海観光共同特区を造成する問題を協議していくことにした」と明記された。[※8]

金剛山観光は、金大中《キムデジュン》、盧武鉉政権期に推進された南北交流事業の一つである。この事業によって、延べ一九〇万人以上もの観光客が韓国から北朝鮮の金剛山を訪れた。北朝鮮にとって、開城工業団地、開城観光と並ぶ、大きな外貨収入源となっていた。

北朝鮮核問題をめぐって米朝関係が進展すれば、国連安保理による経済制裁の段階的解除や例外規定適用が実現するだろう。南北朝鮮は相互の関係を、最終的な南北統一に至る過程の「特殊な関係」と自ら規定している。その事実に基づき、南北間の経済協力について国連安保理による経済制裁の例外化を求めているとも伝えられてきた。[※9]脱稿時点では先行き不透明であるが、金剛山観光が再開される局面に至れば、大量の韓国人観光客が再び北朝鮮を訪問することになる。

北朝鮮情勢を読み解くために「観光」という視点がますます欠かせなくなっているが、北朝鮮経済についての優れた研究が出ている一方、観光分野については韓国でキム・ハンギュら一部の研究者が論考を発表するにとどまっている。[※10]

そこで本章では、二〇一一年一二月の金正日の死去以降、二〇一九年五月までの期間を、とりあえず金正恩政権「初期」と位置付け、その期間における北朝鮮観光の経緯を振り返り、金正恩政権の狙いを明らかにする。

※1 「朝鮮中央通信社報道」『労働新聞』二〇一八年八月二七日付。
※2 朝鮮国際旅行社日本部職員への聴取、二〇一八年九月。
※3 コリョツアーズ担当者からの情報、二〇一九年四月三〇日。なお、同社では毎年約二〇人から二五人の日本人観光客を送客しているという。
※4 外貨獲得や国威発揚は、程度の差こそあれ北朝鮮のみならず各国の観光政策の立脚点となっている。竹内正人・竹内利江・山田浩之『入門観光学』ミネルヴァ書房、二〇一八年、一六〇頁。
※5 金正恩「新年辞」『労働新聞』二〇一五年一月一日付。
※6 金正恩の現地指導と観光分野の関係については、チョンユソク「金正恩の現地指導と観光政策」『統一問題研究』ソウル：第二八巻二号（二〇一六年）、一五九―一九三頁。
※7 「朝鮮半島の平和と繁栄、統一のための板門店宣言」『労働新聞』二〇一八年四月二七日付。「東海」は日本海の意。
※8 「九月平壌共同宣言」『労働新聞』二〇一八年九月二〇日付。
※9 「北朝鮮：正恩氏、南北協力を重視「平壌共同宣言」履行促す」『毎日新聞』二〇一九年四月一四日付。
※10 例えば、北朝鮮経済研究については、三村光弘『現代朝鮮経済―挫折と再生への歩み』日本評論社、二〇一七年の最終章が金正恩政権初期についても扱っている。観光分野については、キムハンギュ「平壌観光資源の変化に関する研究―北韓社会変化との関係を中心に」『現代北韓研究』二〇巻一号（二〇一七年）、四六―九五頁。同「北韓外来観光組織の構造と特性に関す

る研究―経済構造変化の反映を中心に」『北韓学研究』一一巻二号（二〇一五年）、三三―七八頁。宮塚寿美子「北朝鮮、金正恩政権の観光業」『国学院大学栃木短期大学紀要』五二号（二〇一七年）、四九―六〇頁。教科書スタイルの概要書として、林乙出・チャンドンソク・コゲソン『北韓観光の理解』ソウル：大旺社、二〇一七年がある。

観光ウェブサイトの充実化

金正恩政権は、金日成、金正日政権にも増して観光業への関心を強めている。二〇一三年三月末には、朝鮮労働党中央委員会二〇一三年三月全員会議が開催され、経済建設と核開発をともに進めるという「新たな並進路線」が提示されたが、その際に金正恩第一書記（当時）は元山地区、七宝山《チルボサン》地区などに観光地区を設置することを指示している。「元山地区と七宝山地区をはじめとする国の各所に観光地区をよく整備して観光を活発に展開して各道に自らの実情に合う経済開発区を設置して特色を持って発展させなければなりません」[※1]というものである。

しかし、二〇一六年一月から核・ミサイル開発を加速化させ、観光業で目覚ましい進展は見られなかった。二〇一七年には党の機関誌で観光を各種貿易と並んで重視する姿勢が垣間見られたが[※2]、金正恩自ら観光地の開発を具体的に指示する報道が目立つようになったのは、二〇一八年に入り対話局面に転換してからのことである。

同年一〇月一五日頃に開設された「朝鮮の貿易」と題するウェブサイトは、観光ホテルの改築に向けて投資を呼び掛けた。それに先んじて、元山・金剛山国際観光地帯に限っては、朝鮮語に加え、英語、中国語、ロシア語が併記された投資案内書が刊行され、宿泊施設やレストラン等への投資を呼びかけて

いる。[※3]

そのほか、朝鮮金剛国際旅行社のウェブサイトでも「金剛山水泳館（ウォーターパーク）」等への投資案内が掲載された。[※4] また、北朝鮮で観光業を統括する国家観光総局も「朝鮮観光」と称するウェブサイトを開設していた。[※5]

一方、北朝鮮メディアは他国における観光業の紹介を増加させている。朝鮮中央通信のホームページには、スポーツ、科学技術、教育・保健、音楽と並んでトップページに「観光」の小項目を掲載している。[※6] 例えば、キューバでは「観光業が重要な外貨収入源となっている」として、「昨年この国では四七〇万人の観光客を受け入れ、今年は五〇〇〇万人を受け入れる」などと具体的な数値を挙げて実情を紹介している。

それとともに、「外部勢力の執拗な政治的圧力と経済制裁が続き、昨年は一一五年ぶりの最悪の日照りと台風による厳しい自然災害により莫大な損失を被った中でも、キューバ人民は党と政府の指導のもとに難関を克服しながら、観光など多くの分野において画期的な成果を収めて一・六％の経済成長率を記録した」と、同じく経済制裁下にある北朝鮮と重ね合わせるように論評している。

また、「キューバは観光業を介して自国の優秀な民族文化と歴史などを世界に広く紹介宣伝している。有名な名勝はもちろんキューバ革命が歩んできた誇り高き伝統を固守し輝かせるための宣伝活動にも大きな関心を向けている」など、観光業が外貨獲得とともに体制宣伝に資することに言及している。[※7]

※1　「敬愛する金正恩同志が朝鮮労働党中央委員会二〇一三年三月全員会議でされた報告」『労働新聞』二〇一三年四月二日付。

写真８　「朝鮮観光」のホームページ

※２　金度勲「対外経済関係を拡大発展させていこう」『勤労者』二〇一七年第八号、六四頁。
※３　『元山・金剛山国際観光地帯投資対象案内書』平壌：朝鮮民主主義人民共和国元山地区開発総会社、二〇一六年。
※４　「朝鮮の貿易」ホームページ（http://www.kftrade.com.kp/）、二〇一九年五月三一日最終確認。概要については、「北朝鮮、ウェブサイトで投資募集―鉄道事業から缶詰工場まで」『東アジア経済情報』二〇一八年一二月号、一五―一七頁。
※５　「朝鮮観光」ホームページ（tourismdprk.gov.kp）、二〇一九年五月三一日最終確認。同ウェブサイトは二〇一八年六月に大幅に拡充された（「北朝鮮観光のホームページが大幅に更新―マスゲームも五年ぶりに再開」『東アジア経済情報』二〇一八年八月号、一六―一七頁）。
※６　朝鮮中央通信社ホームページ（http://kcna.kp/）、二〇一九年一月一日最終確認。
※７　「観光業発展に力を入れているキューバ」『労働新聞』二〇一八年一一月六日付。

元山葛麻海岸観光地区の開発

二〇一八年一〇月末、金正恩は、「元山葛麻海岸観光地区」の建設現場を現地指導した。そのことを伝える『労働新聞』の記事は、金正恩政権初期の観光政策を読み解く手がかりの一つになるだろう。

「(二〇一八年) 八月にも強調したが、三〇階以上の旅館、ホテルをさらに追加配置することを見通すべきであり、観光地区の党及び勤労者団体委員会、経営委員会、安全・保衛機関、司法・検察機関をはじめとする事務庁舎も通りの形成に含まれるよう海岸地帯に接近して配置し、高層総合庁舎形式で建設するようにと指示された。また、海岸観光地区通りの中に電子娯楽館、総合競技場、映画館を追加で配置し、海岸線と空港の間の空地に大規模なウォーターパークと遊園地も配置するように計画すべきであると具体的な方向を提示された」。そして、「海岸観光地区内に総合駐車場も大きく建設し、葛麻駅を改築し、元山葛麻海岸観光地区の大衆交通手段を解決するための問題も深く研究すべきであると課題を与えられた」。

最高指導者が現地指導で細部に渡って指示を出す点は金日成時代から変わりないが、ここでは外国人観光客を招き入れることについての言及がない。「世界的にもまれな美しいわが国の東海岸で、文化的かつ幸せな休息のひと時を送る人民の明るい姿を想像すると力が湧き、喜びを禁じ得ない」といった表現や、党が「人民の福利増進」のために闘争しているといった言及から、この「元山葛麻海岸観光地区」をまずは国内向けに開発していることが強調されているともいえる。

さらに、「敵対勢力がわが人民の福利増進と発展を阻み、われわれを変化させ屈服させようと悪辣な制裁策動にだけ愚かに狂奔しているが、試練の中で自らの力を百倍に備蓄したわが国が、いかにわれわれの力と技術、われわれの手で強大な国をつくっていくのかを時間の流れとともにはっきり見るようになる」と述べていることから、「自立更生」のモデルの一つとして観光開発を組み入れていることが分かる。

表5　観光を扱っている北朝鮮の主要ウェブサイト

朝鮮観光	http://tourismdprk.gov.kp/	朝鮮語、英語、中国語、ロシア語、日本語
朝鮮青少年国際旅行社	http://www.kiyctc.com.kp/	朝鮮語、英語、中国語
朝鮮金剛山国際旅行社	http://www.tour-kumgangsan.com/	朝鮮語
曙光	http://sogwang.com/kp	朝鮮語
朝鮮の今日	http://www.dprktoday.com/	朝鮮語、英語、ロシア語、中国語
ネナラ（わが国）	http://www.naenara.com.kp/	朝鮮語、英語、フランス語、スペイン語、ドイツ語、ロシア語、中国語、日本語、アラビア語
朝鮮の貿易	http://www.kftrade.com.kp/	朝鮮語、英語、ロシア語、中国語

（筆者作成）

金正恩による同観光地区への現地指導は、同年五月、八月に続き三回目であり、力の入れようは明らかであった。[※1] その後、二〇一九年四月にも同地区を訪れ、「海水浴の季節が終わる今年の党創建記念日（筆者注：二〇一九年一〇月一〇日）までに急いで何かに追われるように速度戦で建設せず、工事期間をさらに六カ月間延長して来年の太陽節（筆者注：金日成誕生日、二〇二〇年四月一五日）まで完璧に仕上げ」ることが指示された。[※2] 同年二月にハノイで開催された第二回米朝首脳会談が合意ゼロに終わり、経済制裁が一向に緩和されない状況を踏まえたものと考えられるが、金正恩の「質」に対するこだわりも垣間見られる。[※3]

また、同地区については、二〇一八年二月及び四月に内閣総理の朴奉珠《パクポンジュ》が、二〇一九年五月には前月に新たに内閣総理に就任した金才龍《キムジェリョン》がそれぞれ「現地了解」を行った。[※4] 最高指導者の

写真９　陽徳郡温泉観光地区の建設現場を現地指導する金正恩（『労働新聞』2019年4月6日付）右横の人民服姿が崔龍海。建設現場に軍人が駆り出されている

「現地指導」を補佐するために、内閣総理等の主要幹部が現地を視察することを「現地了解」と呼ぶ。金日成政権時に頻繁に報じられていた「現地了解」が金正恩後継体制の構築とともに復活したものである。※5 現地指導と現地了解の頻度は、金正恩政権が何に関心を有しているのか、重要なバロメーターとなる。

※1　「敬愛する最高領導者金正恩同志が元山葛麻海岸観光地区建設場を再び現地指導された」『労働新聞』二〇一八年一一月一日付。二〇一八年五月には「来年の太陽節」（二〇一九年四月一五日）、同年八月には二〇一九年一〇月一〇日の完工を指示していた（「敬愛する最高領導者金正恩同志が元山葛麻海岸観光地区建設場を現地指導された」『労働新聞』二〇一八年五月二六日付、「敬愛する最高領導者金正恩同志が元山葛麻海岸観光地区建設場を現地指導された」『労働新聞』二〇一八年八月一七日付）。

※2　「敬愛する最高領導者金正恩同志が元山葛麻海岸観光地区建設場を現地指導された」『労働新聞』二〇一九年四月六日付。

※3　「質」に対するこだわりについては、拙稿「金正恩委員長のリーダーシップ―スピード感、実用主義、プロセス重視」『岐路に立つ朝鮮半島』日本経済研究センター、二〇一九年、七一―八二頁。

※4　「朴奉珠同志元山葛麻海岸観光地区建設準備状況現地了解」『労働新聞』二〇一八年二月一三日付。「朴奉珠同志元山葛麻海岸

観光地区建設現場と洗浦地区畜産基地現地了解」『労働新聞』二〇一八年四月八日付。「金才龍同志元山葛麻海岸観光地区建設現場と黄海製鉄連合企業所現地了解」『労働新聞』二〇一九年五月一五日付。
※5　「内閣総理崔永林同志熙川発電所建設事業了解」『労働新聞』二〇一一年二月二八日付。

温泉観光地区の開発を現地指導

金正恩は、元山葛麻海岸観光地区訪問時に、平壌と元山の間に位置する平安南道陽徳《ヤンドク》郡を訪れて「温泉観光地区」の建設現場も現地指導している。[※1]

「党が呼びかけた建設戦闘現場に駆け付けた連合部隊の将兵達」「党が構想した対象建設を力強く腕が利くこの連合部隊に任せておく」「一騎当千の戦闘力で名高い連合部隊の将兵達が党の信任と期待に違うことなく、温泉観光地区建設においてももう一度気概を示し、名を上げるだろう」といった発言が続き、党が司令塔となって軍人が経済建設に動員されていることが分かる。

「この一帯は交通条件が有利で、周辺の景色が美しく、温泉の湧出量がたいへん多く温度も高いだけでなく、主要成分がシリカ、硫黄、フッ素・弱アルカリ性で、さまざまな疾病の治療に効果があるので、立派な温泉療養及び観光地区をつくることができるうってつけの場所だ」と具体的な指摘を続け、「人民の健康増進はもちろん、文化的な生活を享有することのできる、もう一つの世界的水準の文化的生活拠点が構築されることになるだろう」と述べている。ここでも重視されているのは、温泉が国内向けの施設だということである。

金正恩は、多様な機会を通じて「世界の趨勢」を意識する必要性、「世界的水準」を目指す必要性を説いてきた。[※2]「世界で良いと言われるすべてのものを参考にして、建築美学的にも利便性においても最高の水準を保障すべき」「世界各国の温泉サービス施設の資料を深く研究し、それに基づいて技術課題書の作成からしっかりと行うべき」といった言及が見られる。

さらに、「最近、国務委員会設計局が提出した温泉観光地区建設のための提議書には、温泉観光地区対象の技術課題書作成を保健省、労働省、国家観光総局、人民奉仕総局をはじめとする内閣傘下の省、中央機関に分担させる方法で行うとされていたが、そのようにすると党の意図に沿って温泉観光地区を世界的レベルで開発することはできない」と不満を述べている。「数カ月前にも批判をしたが、ひどく古びた休養所、療養所を抱え、その水準がどれほど立ち遅れて嘆かわしいものであるのかすら分からず、身じろぎもせず冬眠している保健省をはじめとする省、中央機関で、どうやって世界的水準の観光休養及び療養拠点建設に関する技術課題書を作成できるだろうか」と具体的な省庁名を挙げて批判している。

結局、「この事業は党が直接構想し、人民の文化的な生活の享受と健康増進のために発起した対象建設であるだけに、党中央委員会の該当部署と国務委員会が全面的に受け持ち、政府の病院と緊密に協同して技術課題書を作成し、国務委員会設計局が基本となって設計を行う」ことが指示され、完工目標は二〇一九年一〇月一〇日の党創建七四周年記念日までとされた。

党が前面に立って推し進めている陽徳郡の温泉観光地区建設とともに、朱乙《チュウル》温泉の名で知られる咸鏡北道鏡城《キョンソン》郡の温堡《オンボ》温泉休養所改修事業をモデルとして、「全ての道で軍隊と人民が力を合わせて自分の地域にある温泉に休養地を文化的に造る事業を行うようにすべきだ」とも指示している。

「人民の文化生活のための」建設物だと位置づけて、「人民軍は、わが国で初となる温泉観光地区建設を丸ごと任せた党の信頼を心に刻み付け、人民の立派な息子、娘らしく、人民の幸福の創造者らしく、世界に誇るに足るもう一つの人民の所有物を立派にうち建てなければならない」と述べている。

陽徳も同年八月に続く再訪だったが、鏡城にも金正恩が直接現地指導に赴いたことが明らかになっている。[※3] 陽徳については、最高人民会議常任委員長で国務委員会第一副委員長の崔龍海《チェリョンヘ》が複数回「現地了解」に赴いている。[※4] これにより、元山葛麻海岸観光地区は内閣総理が、陽徳温泉地区については崔龍海が担当していることが分かる。

金正恩政権が温泉を観光地として開発していく方針は明確である。『労働新聞』には、平壌観光大学学部長による温泉観光地についての解説記事も掲載された。[※5] しかし、経済制裁下という所与の条件もあり、国外から観光客を呼び込むという思惑には全く触れられていない。北朝鮮では最高指導者が「現地指導」した場所には資材が優先的に供給され、立派に整備される傾向がある。そのため、当初は国内向けの建設とされても、遠からず外国人観光客に開放されることが多い。いずれの温泉もインバウンドの観光資源として活用されることになろう。

※1 「敬愛する最高領導者金正恩同志が平安南道陽徳郡温泉観光地区建設場を現地指導された」『労働新聞』二〇一八年一一月一日付。同年八月にも現地指導しており二〇一九年一〇月一〇日の完工を指示していた（「敬愛する最高領導者金正恩同志が平安南道陽徳郡内の温泉地区を現地指導された」『労働新聞』二〇一八年八月一七日付）。さらに、「敬愛する最高領導者金正恩同志が平安南道陽徳郡温泉観光地区建設場を現地指導された」『労働新聞』二〇一九年四月六日付。

※2 例えば、金正恩「建設部門活動家講習参加者達に送った書簡―党の主体的建築思想を徹底して具現し、建設で大繁栄期を開いていこう」『労働新聞』二〇一三年一二月九日付。

※3 「敬愛する最高領導者金正恩同志が温堡休養所を現地指導された」『労働新聞』二〇一八年七月一七日付、八面。なお、同日

付は異例にも九面まで複数の現地指導の様子が報じられ、塩盆津ホテル建設現場も現地指導したことが明らかになっている（「敬愛する最高領導者金正恩同志が塩盆津ホテル建設現場を現地指導された」『労働新聞』二〇一八年七月一七日付、七面）。

※4　「崔龍海同志陽徳郡温泉観光地区建設現場現地了解」『労働新聞』二〇一八年一二月二六日付。当時崔龍海は国務委員会副委員長。「崔龍海同志陽徳郡温泉観光地区建設現場現地了解」『労働新聞』二〇一九年五月三日付。

※5　平壌観光大学学部長博士准教授崔在得「温泉観光地とその利用」『労働新聞』二〇一八年一〇月七日付。

北朝鮮版経済特区でも目立つ「観光」

北朝鮮では中国経済を想起させる「改革開放」や「経済特区」といった用語が忌避される。しかし、実態としては金日成政権よりは金正日政権のほうが、さらには金正恩政権のほうがより目新しい対外経済関係を模索してきた。

北朝鮮で初めて特殊経済地帯が指定されたのは、一九九一年一二月二八日のことであった。現在の内閣にあたる政務院の決定により、中国やロシアとの国境に近い咸鏡北道の羅津《ラジン》市と先鋒《ソンボン》郡をまたがる地域に羅津先鋒自由貿易経済地帯が誕生したのである。その後、一九九八年に羅津先鋒経済貿易地帯へと名称を変更し、二〇〇〇年八月には羅先経済貿易地帯となった。海外からの投資を受け入れ、カジノを付設する香港資本のエンペラーホテルを建設して観光業を活性化させた。

その後、二〇〇二年一〇月二三日には金剛山観光地区が、同年一一月一三日には開城工業地区が正式に発足している。第四章で詳述するが、金剛山も開城も韓国から大量の観光客を受け入れることになった。とりわけ金剛山については、一九九八年から既に韓国人観光客を受け入れており、事実上観光特区となっていたが、それが二〇〇二年になって追認、法文化された形である。
実際に稼働はしなかったものの、同年九月一二日には中国との国境近くに新義州特別行政区も設置された。新義州特別行政区基本法では、「新義州特別行政区に立法権、行政権、司法権を付与する」（第二条）、「法律制度を五〇年間変化させない」（第三条）、「国家が委任した範囲で自らの名義で対外事業を行い、新義州特別行政区の旅券を別個に発給できる」（第八条）など相当程度の自治権が付与されていた。
金正恩政権は、さらに北朝鮮版経済特区の拡大を試みている。二〇一三年三月三一日、党中央委員会二〇一三年三月全員会議で金正恩が「経済開発区」について言及した。同会議での発言は、経済建設と核武力建設の「新たな並進路線」ばかりに注目が集まりがちだが、他にも多くの注目点があった。
金正恩の指示を受け、同年五月二九日には経済開発区法が採択され、次々に設置されるようになった。経済開発区とは、「国が一定の経済的目的を達成するために国内の特定の地域に特恵的な経済活動制度と秩序を樹立し、発展させた経済力を持つ国内外企業を集中させる地域」であり、「投資、企業設立、生産、科学技術研究、貿易、観光、金融、サービス等の経済活動がより自由に進められるよう特恵的な措置が保障される地域」だとされる。[※1]
もちろんのこと経済開発区の開発においては、「内部に資本主義的経営管理方法や生活秩序が侵されないよう蚊帳をしっかりとつって、大衆教養事業を強化して、革命の根本利益を守護する原則を一貫して堅持」することが重要とされ、警戒を緩めない。[※2]
既に二〇以上の特殊経済地帯が設置されている中で、「観光」がその名に含まれるものとしては、新坪《シンピョン》観光開発区、穏城島《オンソン》観光開発区、青水《チョンス》観光開発区、元山・金剛山国際観光地帯、金剛山国際観光特別区、茂峰《ムボン》国際観光特区がある。また、「観光」を事業内容に含んでいるものとして、羅先経済貿易地帯のほか、中国国境に接した黄金坪《ファングンピョン》・威化島《ウィファド》経済地帯、新義州国際経済地帯、満浦《マンポ》経済開発区、恵山《ヘサン》経済開発区、鴨緑江《アムノッカン》経済開発区、内陸部の粛川《スクチョン》農業開発区がある。[※3]

これらの多くは既に外国人、とりわけ中国人観光客の受け入れ実績がある地域であるが、粛川など新たに観光地として開発しようとしている地域も含まれる。観光に関連した特区がこれだけ多く指定されているにもかかわらず、その後の核・ミサイル実験により外国からの投資や観光客の大量受け入れは実現しなかった。しかし、金正恩政権がいかに観光を重視しているかは十分理解できる。そのことは、北朝鮮で刊行されている学術雑誌に観光分野の論文掲載が急増していることからも確認できる。[※4]

※1 「経済開発区」『勤労者』二〇一七年第九号、三七頁。
※2 キムギソク「経済開発区について」『勤労者』二〇一三年第一一号、六四頁。
※3 前掲、三村光弘『現代朝鮮経済』、六九―七〇頁。
※4 例えば、『経済研究』二〇一七年第四号は、パクジョンチョル「現時期世界観光経済に影響を与える要因と国際観光業界の動向で注目される問題」、キムチャンイル「観光広告事業における観光広告管理体系とその役割」など四篇の論文を収録している。

北朝鮮における国内観光の萌芽

元山葛麻海岸観光地区や陽徳の温泉観光地区が「人民の福利増進」「人民の文化生活」のために建設されているとされる中、二〇一八年一〇月五日付の『朝鮮新報』に、興味深い記事が掲載された。[※1]「首都を遊覧する平壌一日観光が活発に行なわれている」というのだが、その主体は外国人ではなく、「主に首都の各界層市民と勤労者」だという。

「平壌に公務または私用の出張や、旅に来た地方の客も希望によって参加している」という平壌一日観光は、平壌高麗国際旅行社の主管のもとで企画運営されているとされ、同社課長のインタビュー記事が掲載された。それによると、「市民の新しい観光ニーズを図るために二〇一六年から平壌一日観光を企画しており、観光客の高い好評の中で観光客の数が毎年増えている」という。平壌市民の中でも中年層、老年層が多くの比重を占め、日曜日と祝日には観光客の数がさらに増える、とのことであり、「平壌高麗国際旅行社では市民の増える観光需要と嗜好に即して、釣り観光、治療観光も新しく企画している」と報じられた。

また、北朝鮮国内の企業所や住民組織である人民班に募集広告を貼り、観光客を募集しているとの指摘もある。[※2] これは、国内富裕層を対象とした国内観光の萌芽とも言うべき現象ではなかろうか。このような現象は、改革開放初期の中国でも見られたものである。

もともと北朝鮮の人々にとって「観光」するほどの経済的な余裕はない。「観光」はあくまでも外国人の訪朝、すなわちインバウンドの概念でしかなかった。経過観察する必要があるものの、国内観光の萌芽は、「消費者」と呼ばれる富裕層の持つ外貨やタンス預金を吸い上げ、政府の管理下で国内経済を活性化させようとする政策の一環とも捉えられる。実際に、金正恩政権期に入ってから新興富裕層、平壌市民を対象とした便宜施設が次々とオープンしている。平壌大同江水産物食堂（二〇一八年オープン）、ヘダンファ館（二〇一三年）をはじめとした高級食堂のほか、柳京バラ院（サウナ、二〇一五年）、美林乗馬クラブ（二〇一三年）、紋繍プール（二〇一三年）、綾羅イルカ館（二〇一二年）、メアリ射撃館（射撃場、二〇一四年リニューアル）などがそれに該当する。

※1 「首都を遊覧する平壌一日観光活発」朝鮮新報平壌支局版、二〇一八年一〇月五日付。
※2 前掲、宮塚寿美子「北朝鮮、金正恩政権の観光業」五五頁。

北朝鮮を訪れる外国人観光客はどういった人々か

一九九〇年代には、最大で一年間に三〇〇〇人以上の日本人が観光を目的に訪朝していた。だが、拉致問題が国民的課題となったばかりか、核・ミサイル実験に伴い経済制裁が強化され日本政府が渡航自粛を勧告すると、北朝鮮を訪れる日本人観光客は激減した。さらに、二〇一〇年七月六日から一〇万円相当額を超える現金、小切手等を携帯して北朝鮮へ持ち出す場合、税関に「支払手段等の携帯輸出・輸入申告書」の提出が課されている。一般の日本人にとって手続きは複雑化し、北朝鮮観光のハードルが上がったと言える。

一時期は年間五〇人程度まで落ち込んだが、相次ぐミサイル発射実験により北朝鮮問題が注目された二〇一七年には一六〇人まで回復した。その内実を見ると、一般の日本人観光客よりも、友好団体や地方議員など政治家の訪朝者数のほうが多いともいわれている。「ここ数年は、親北・友好団体関係者が約一五〇人、現役の政治家約五〇人、そこへマスコミ関係者三〇人ほどが毎年訪朝している」という。[※1]

対外文化連絡委員会を通じ、二〇一四年に約二〇団体、二〇一七年に約三五団体が訪朝しているが、二〇一八年は一〇月時点で四〇団体を超えたともいわれる。[※2]

二〇一八年になると、年初からの対話ムードに加え、九月九日には建国七〇周年行事が開催されたほか、五年ぶりの大型マスゲーム「輝く祖国」も準備されたため、前年の二倍を上回る日本人観光客が平壌を訪問した。[※3]

個人ないし少人数のグループによる旅行が多い日本人観光客が同時期に大挙して北朝鮮を訪問した例としては、二〇一一年一一月一五日に開催されたサッカーワールドカップのアジア予選・北朝鮮戦が挙げられる。日本からサポーターら五〇人以上が訪朝したことが理由であった。ワールドカップ予選を前に、日本政府は、日本代表選手とチーム関係者、同行記者団のほか、日本サッカー協会の公式ツアーに参加するサポーターに限り、北朝鮮への渡航を特例として認めると発表していた。[※4]

さらに中国からは毎年数万人から十数万人、欧米からも数百から数千人規模で観光客を受け入れてきた。[※5]二〇一八年四月に一一年ぶりの南北首脳会談が開催された板門店への観光に、とりわけ人気が集まっているという。『朝鮮新報』は、「北南高位級会談取材の日に聞いた北側の軍人の話によると、前日の一四日日曜日には板門店に二八四〇人の観光客が訪れた。この数字は史上最高だと教えてくれた。『昨年は一日に多くて二〇〇から三〇〇人だった。最近は毎日一〇〇〇人を超す』[※6]」などと報じている。

一方、中国吉林省延辺朝鮮族自治州から陸路で北朝鮮に入ることができる羅先にも、二〇一八年九月までに五組一〇人、二〇一七年は一一組、二〇一六年は八組、二〇一五年は四組と小規模ながら日本人観光客が訪れている。この中には、延辺の圏河・元汀国境経由ではなく、少数ではあるが平壌を経由した観光客も含まれる。前章で述べたように、中国人観光客は年間一万人以上訪れており、段違いに多い。

北朝鮮を訪れる日本人にリピーターが多いのは大きな特徴であろう。北朝鮮に何度も足を運ぶ人たちにとって、その魅力は独特の観光文化にあるようである。日本人観光客の数が非常に少ない中、全日程を共に行動する案内員は観光客一人一人を必ずと言ってよいほど鮮明に覚えているばかりか、外国人接客に従事するホテルやレストランのスタッフとのやりとりも印象を残すようである。

北朝鮮観光に魅力を感じたり関心を有したりする人達の「朝鮮観光ファンミーティング」は大変な盛況である。[※7] 短期間に数十回も北朝鮮観光を繰り返した邦人の報告会などが催され、公開報道ベースで見られない情報が得られることもある。主宰者によると「北朝鮮旅行愛好家の情報交換の場」であり、二〇一八年九月にはジェイエス・エンタープライズの手配で五四人もの観光客を集めることに成功している。一方、中外旅行社と協力関係にある「朝鮮旅行友の会」も独自の活動を行っており、同社ホームページ内でその様子が紹介されている。[※8]

※1　中野鷹「中国人の北朝鮮への心象悪化か？中国人訪朝者が激減。日本人訪朝者は？」ハーバー・ビジネス・オンライン(https://hbol.jp/153567)、二〇一九年一月一日最終確認。

※2　常井健一「北朝鮮高官宋日昊一五〇分会見記」『週刊文春』二〇一八年一一月一五日号（第六〇巻第四三号）、一四九頁。

※3　「様々な観光商品開発、外国人から人気―朝鮮国家観光総局キム・チュニ局長に聞く」『朝鮮新報』二〇一八年一一月七日付。

※4　「一四年W杯予選　アジア三次　政治介入を避け、特例で渡航容認」『毎日新聞』二〇一一年一一月二日付。

※5　中国人の北朝鮮観光については、キムハンギュ「中国人の北韓観光変化研究―一九八〇年代から二〇一七年までの展開観光とその意味を中心に」『北韓学研究』第一四巻第一号（二〇一八年）、四一―八五頁が詳しい。また、朱鈗涎「神秘の国：中国人の北韓観光」朴明圭・白池雲編『中国日常の中の北韓イメージ』果川：ジニンジン、二〇一七年、九三―一一八頁は、主に旅行記を通して中国人の北朝鮮観光観を検証している。

※6　「月間平壌レポート―『九月平壌共同宣言』履行に弾み」『朝鮮新報』二〇一八年一〇月二九日付。
※7　堤祐輔「全国の朝鮮観光ファンが大集結!『朝鮮観光ファンミーティング』の全貌とは…!?」『祝杯』第六号（二〇一五年）、九五―九六頁では、初回会合の様子が垣間見られる。
※8　「朝鮮旅行友の会日誌」中外旅行社ホームページ（https://www.chugai-trv.co.jp/news/summary_tomonokai）、二〇一九年一月一日最終確認）。

北朝鮮旅行を請け負う旅行会社

日本人観光客については、中外旅行社とジェイエス・エンタープライズという、主な送客窓口となっている旅行代理店がある。いずれも北朝鮮観光を専門とする旅行会社である。

中外旅行社は、朝鮮総聯の事業体として一九六八年二月一三日に「海陽商事」という名義で設立され、一九八七年の北朝鮮による日本人観光客受け入れ開始から日本からの送客に携わり、「朝鮮政府公認の唯一の窓口、高麗航空の日本唯一の代理店」を誇ってきた。老舗であり、一定の固定客が存在する。

一方のジェイエス・エンタープライズは、二〇一二年から北朝鮮ツアーを販売してきた三進トラベルサービスが、北朝鮮を専門とした旅行業者代理業を立ち上げたものである。

他にも送客実績のある旅行会社は存在する。モランボンツーリストから改称したKJナビツアーズは韓国旅行を得意としながらも、北朝鮮観光の手配も行ってきた。二〇一九年から「大同江ナビツアー」のサービス名で新たなホームページを立ち上げている。

また、スリーオーセブンインターナショナルはサウジアラビアやベトナム、ラオス等への渡航手配と

表6　北朝鮮観光を扱う日本の主要旅行会社

株式会社 中外旅行社	https://www.chugai-trv.co.jp/
株式会社 ジェイエス・エンタープライズ	http://js-tours.jp/
大同江ナビツアー 株式会社 KJナビツアーズ (旧モランボンツーリスト)	https://www.tgnavitour.com/ http://www.mrt.co.jp/ordermade-dprk/
株式会社 スリーオーセブンインターナショナル	http://www.307.co.jp/tour/list/?prtid=1

（筆者作成）

ともに北朝鮮観光も扱ってきた。

近年の特徴として、インターネットの普及に伴い、日本人ないし日本語を解する職員を擁する中国の旅行会社を通じて訪朝する日本人も増加した。[※1]さらに、主に欧米人を対象に、北朝鮮観光を手配する中国所在の専門旅行会社も、日本人の送客実績を積んでいる。[※2]

北朝鮮観光のガイドブックのなかでも、最も詳しい『ブラッド』の*North Korea*編には、北朝鮮観光を扱う各国所在の旅行会社が数多く紹介されている。[※3]また、代表的な旅行ガイドブックである『ロンリープラネット』の*Korea*編は一章を北朝鮮に割いているが、二〇一九年二月刊行の第一一版で紹介されている旅行会社は七社ある。[※4]

一方、受け入れ側の北朝鮮では、国家観光総局が統一的に観光事業を指導管理している。内閣傘下の国家観光総局は、一九八七年九月に国連世界観光機構（ＵＮＷＴＯ）に、一九九六年四月には太平洋アジア観光協会（ＰＡＴＡ）に加入している。

観光事業の担い手を養成する場としては、平壌観光大学がある。同大学は、一九八七年二月五日に観光案内通訳員学校として発足し、二〇〇三年七月に改称された。何度も繰り返している通り、一九八七年は北朝鮮が日本人観光客の受け入れを開始した年でもある。

表7　北朝鮮観光を扱う日本以外の主要旅行会社

中国	Koryo Tours	koryogroup.com*
	Young Pioneer Tours	www.youngpioneertours.com *
	Dangdong Chosun Travel Service（辽宁鸿祥国际旅行社有限公司）	www.ddcts.com
	Krahun	krahun.com
	大連富麗華国際旅行社	
	KTG Tours	www.north-korea-travel.com*
	Explore North Korea	www.explorenorthkorea.com
ドイツ	Korea-Reisedienst	www.nordkoreareisen.de
	Pyongyang Travel	www.pyongyang-travel.com
チェコ	Korea Discovery	www.korea-discovery.com
オランダ	VNC Travel	www.vnc.nl
スペイン	Viatges Pujol	www.coreanorte.com
スウェーデン	Korea Konsult	koreakonsult.com
英国	Explore Worldwide Ltd.	www.exploreworldwide.com
	Lupine Travel	www.lupinetravel.co.uk *
	Regent Holidays	www.regent-holidays.co.uk *
	Undiscovered Destinations	www.undiscovered-destinations.com
	Voyages Jules Verne	www.vjv.com
	Juche Travel Services	www.juchetravelservices.com *
カナダ	Bestway Tours & Safaris	www.bestway.com
米国	Asia Pacific Travel	www.northkorea 1 on1.com
	New Korea Tours	www.newkoreatours.com *
オーストラリア	Uri Tours Tongil Tours	www.uritours.com tongiltours.com

出典：Bradt, Lonely Planet等をもとに筆者作成。両書ともに紹介している旅行会社には*を付した。他にシンガポールの友好団体 Korea Exchange 等も観光旅行を扱っている。

国家観光総局傘下で最古かつ最大の旅行会社が朝鮮国際旅行社であり、日本人観光客の平壌への受け入れについては、原則として同社が一手に担ってきた。同社は、外国からの観光客の受け入れ、すなわちインバウンドを担ってきた国営旅行社であり、冷戦時代におけるソ連のインツーリスト社、モンゴルのジュルチン社、チェコスロヴァキアのチェドック社等と同様の役割を果たしてきたのである。朝鮮戦争休戦直後の一九五三年八月二四日に設立され、国家観光総局の直接的指導を受けている。内部で三社に分かれており、第一社は中国・台湾地域、第二社は日本、東南アジア地域、第三社は欧米地域をそれぞれ担当している。日本語のほか英語、中国語、ロシア語、ドイツ語、スペイン語、フランス語の案内員を擁しており、レストランや土産店の運営も行っている。中国の北京、丹東、延吉、瀋陽、マレーシアのクアラルンプールに事務所を設置しており、実績は少ないものの、日本人が観光による渡航を直接申請することも可能である。

日本語案内員が不在であることを主な理由として、日本人観光客の受け入れは原則として行っていないものの、中国人等の受け入れを目的に新たに設立された複数の旅行会社が、国家観光総局の傘下で朝鮮国際旅行社と競争関係にある。次に、朝鮮国際旅行社以外の旅行会社について垣間見てみよう。

二〇一一年四月二九日に最高人民会議常任委員会政令によって金剛山国際観光特区が設置され、金剛山国際観光特区指導局が発足した。朝鮮金剛山国際旅行社は、この時に設立された。前身は一九八八年一一月に設立された金剛山国際観光総会社である。[※5]

朝鮮青少年国際旅行社は、一九八五年三月一四日に設立された、青少年野営観光を担う旅行会社である。同社は、朝鮮青年観光社として一九八五年三月一四日に設立された。金日成社会主義青年同盟傘下の旅行会社としてソ連・東欧の観光団の受け入れを担当し、青少年の交流事業を行ってきた。朝鮮国際旅行社がソ連のインツーリスト社であれば、青少年旅行社は、スプートニク社に該当するものであった。[※6]特に日本人を相手とする事業としては、ピースボート等のNGOによる友好訪問を主に扱ってきた。英語、中国語、ドイツ語をはじめとする各国語の案内員を擁しており、レストランの運営も行っている。

一九九四年に創設された朝鮮国際ゴールデンカップ（金杯）旅行社は、スポーツ及び登山観光を得意とする旅行社であり、経済専門家のための「実業観光」も組織するという。一九九七年一月四日に設立された朝鮮国際体育旅行社は、スポーツ観光を得意としており、英語、中国語をはじめとする各国語の案内員を擁し、やはりレストランも運営している。二〇一二年一一月一五日に設立された朝鮮国際テコンドー旅行社は、テコンドー修練観光を中心に、英語、中国語をはじめとした各国語の案内員を擁している。二〇一五年一月二八日に設立された平壌高麗国際旅行社は、馬息嶺スキー場への送客を積極的に行っているという。ロシアやUAEなど十カ国ほどに支社を置いたとされる。[※7]

これらのほか国家観光総局のウェブサイトでは、二〇一六年五月に万景《マンギョン》国際旅行社が設立され、主要な観光地を網羅的に手配していると紹介される。また、設立年不明の錦繍江山《クムスガンサン》観光旅行社も紹介されている。[※8]

その他、各道に地方旅行社の設置が広がっている。具体的には、白頭山《ペクトゥサン》旅行社（両江道恵山市）、満浦《マンポ》旅行社（二〇一四年二月一四日設立、慈江道満浦市）、妙香山《ミョヒャンサン》旅行社（平安北道新義州市）、羅先《ラソン》国際旅行社（羅先市）、七宝山旅行社（咸鏡北道清津市）、元山旅行社（江原道元山市）が設立されているが、日本人観光客と直接関係があるのは、主に羅先国際旅行社と七宝山旅行社であろう。

前述の通り、少数ではあるものの毎年羅先を訪れる日本人観光客がおり、中朝国境から陸路で入国する場合には平壌を介さなくても良いため、朝鮮国際旅行社ではなく羅先国際旅行社が直接の受け入れ窓口となる。また、羅先国際旅行社は、中国人観光客を対象に、中国の自家用車でそのまま入国できる「自家用車観光」を行っている。但し、案内員の先導車に従って列をなし市内を参観するものであり、個人行動が許可されているわけではない。まずは文化的、社会的なギャップが比較的少ない中国人観光客に対して新しい試みを開放し、その後日本人など他の外国人に対しても慎重に広げていくというのが国家観光総局のやり方であるようである。

一方、七宝山旅行社は平壌や羅先から咸鏡北道に入境する場合に、朝鮮国際旅行社や羅先国際旅行社の依頼により同道を案内する役割を担う。第一章でも触れた通り、羅先経済貿易地帯と咸鏡北道の間には、二カ所の「国内税関」が設置されている。羅先国際旅行社の専用車及び運転手は、咸鏡北道に入ることができない。そのため、外国人観光客は「国内税関」において七宝山旅行社の専用車及び運転手に引き継がれることになる。

そのほか、特徴的な地方旅行社としては、満浦旅行社が、中国吉林省集安市から鴨緑江を挟み、満浦一日観光を運営している。午前に古山《コサン》鎮革命史跡地と古山農場、古山高級中学校参観、満浦閣での昼食後、午後には満浦紡糸工場、満浦幼稚園を参観するという。[※9] 日本人観光客は受け入れられていない。

※1　大連金橋国際旅行社（http://www.gbt-dlcjp.com/）、「朝鮮旅行」（「コリアツアーズ」）、但し旅行会社名ではなくサービス名で

実際は中国の旅行会社に委託、http://koreatoursdl.com/）等。

※2　主たる旅行会社として、Koryo Tours（https://koryogroup.com/）やYoung Pioneer Tours（https://www.youngpioneertours.com/）。

※3　Robert Willoughby, *North Korea*, London: Bradt Travel Guides, ed.4 (2019), pp.50-51. Bradtシリーズは、英国のBradt Travel Guids Ltd.が発行している旅行ガイドブックであり、最も有名なLonely Planetシリーズで扱わないエリアなどについて発行し好評を博している。北朝鮮については、二〇〇二年に初版、二〇〇七年に第二版、二〇一四年に第三版、二〇一九年に第四版を刊行。

※4　Simon Richmond et al., *Korea*, Lonely Planet Publications, ed. 11 (2019), p.310.但し、同書で北朝鮮関連章の執筆者は長らく匿名である（ed.11, p.415）。

※5　前掲ウェブサイト「今日の朝鮮」。

※6　スプートニク社については、中子富貴子「ソ連・ロシアにおけるツーリズムの変遷に関する一考察　ソコロワ、ウシスキンの論考による帝政期、社会主義政権期のツーリズムの発展」『神戸山手大学紀要』第十七号（二〇一五年）、二〇八頁。

※7　「平壌高麗国際旅行者多様な奉仕活動」「朝鮮中央通信」二〇一五年四月三〇日配信。

※8　前掲ウェブサイト「国家観光総局」。

※9　前掲ウェブサイト「今日の朝鮮」。

平壌駅前を走る路面電車（「軌道電車」）

第三章

北朝鮮観光史

――一九八七～二〇一九

日朝の知られざる交流の歴史

閉鎖的なイメージが定着している北朝鮮だが、日本人観光客の受け入れを開始してから、すでに三〇年が経過している。その間、訪朝者が数千人規模になる年もあれば、一〇〇名を下回る年もあった。第六章で詳しく触れるが、本邦では多数の北朝鮮旅行記が出版されており、北朝鮮および北朝鮮観光の実態把握に大きな手助けになっている。

しかし、それらはあくまで紀行文であり総じて主観的かつ断片的な内容であり、北朝鮮観光の意義や背景を考察した論考は、わが国では皆無に等しいのが現状である。例外的に、一九九〇年代初めまでの動向について整理した宮塚利雄『北朝鮮観光』は、一般書の形態であるが先駆的業績であるといえる。[※1]

一方、分断国家の当事者である韓国では、北朝鮮研究が重視されており、政治外交に限らず、社会科学・人文科学系のあらゆる分野において、北朝鮮がケーススタディの対象とされてきたといっても過言ではない。[※2] 一九九〇年代後半、韓国の「観光学」研究者は北朝鮮を主要な研究対象として扱うようになったが、金剛山観光開発を中心とした観光資源論、観光行動論、南北朝鮮間の経済協力についての論考が大多数を占めている。[※3] 北朝鮮政治外交と観光政策の関連性について考察されることはあっても、日本人観光客の受け入れについて掘り下げられることはなかった。

そこで本章では、日本人を対象とした北朝鮮のインバウンド観光政策の移り変わりを整理し、特徴を探ることにする。その手法として、北朝鮮の文献や各旅行会社のパンフレットといった一次資料のほか、北朝鮮観光に携わる複数の関係者への聞き取り調査を素材とした。

写真10　北朝鮮で発行された様々な観光パンフレット

※1　宮塚利雄『北朝鮮観光』JICC出版局、一九九二年。

※2　拙稿「北朝鮮政治体制論の研究動向と『スルタン主義』」『季報国際情勢』第七六号、二〇〇六年一〇八頁。

※3　李長春「北韓観光研究」（北韓研究学会編『分断半世紀北韓研究史』ソウル：図書出版ハヌル、一九九九年）を参照されたい。北朝鮮観光の概略を把握するには、咸碩鍾「北韓の観光」（金明浩他著『北韓社会の理解』ソウル：執文堂、一九九六年）や辛貞和「北朝鮮の観光政策の変化と成果―改革・開放政策との関連を中心として」『法学研究』八三巻一二号（二〇一〇年）、四八一―五〇五頁が纏まっている。韓国人が取材で訪朝した時の記録としてはジンチョンギュ『平壌の時間はソウルの時間とともに流れる』ソウル：ターカス、二〇一八年。また、日本人観光客受け入れの概況は、小此木政夫編著『北朝鮮ハンドブック』講談社、一九九七年、五〇二頁にも簡略化された形で掲載されている。

北朝鮮における「観光」の意味

一九八〇年代中盤まで北朝鮮は、観光を「浪費的であり、安逸な生活を追求させる非生産的なもの」として否定的に捉えていた。また、北朝鮮社会が外国の目に触れることや、外来思潮の国内流入を懸念し、観光事業の対外開放に消極的な姿勢をとってきた。[※1]そのため、国交のない日本からは観光客の入国を認めず、訪朝は一部の友好団体や政治関係者等に限られてきた。それが一九八〇年代後半に入り、一転して観光業を奨励しはじめる。次は、一九九四年に朝鮮国際旅行会社が出版した書籍からの引用である。

朝鮮民主主義人民共和国は自主、親善、平和の理念に基づいて国際的な来往と交流、協調を発展させることを貴重に感ずる社会主義国である。共和国政府は朝鮮に来たい人であれば誰でも訪ねるのを歓迎し、いつでも門戸を開いている。政府は観光業発展を奨励している。朝鮮では認識観光、健康保護増進観光、治療及び休息観光のような文化情緒的で認識的な観光、肉体的鍛錬と健康保護を第一とした観光活動を奨励する。共和国政府は純粋な金稼ぎのために好色的な観光、賭博観光のような変態的で俗物的な観光を発展させず、排撃する。朝鮮民主主義人民共和国を訪問する人々に対してはいつでも親切に迎え入れ、厚遇することを民族的伝統と考える。[※2]

これは北朝鮮の「観光政策」を説明したものであり、いわば「観光」の理想像である。一方、一九八九年一一月に中央人民委員会で行ったとされる観光業活性化に関する金日成主席の演説では、「観光業」の目的を次のように明言している。

観光業というものは、自然の景色や歴史遺跡のようなものを宣伝し、外国の人々を多く引き入れ、見物をさせながら生活上の便宜を図ってやり、食料品と日用品、記念品のようなものをたくさん売り、金を稼ぐことです。[※3]

これらの表現からも、北朝鮮観光の目的が体制宣伝と外貨獲得にあることが分かる。また、一九九五年に公刊されたこの金日成演説は、金剛山《クムガンサン》の位置する江原道《カンウォンド》を観光地として開発すべく、食料加工工業の発展、英語習得の重要性等が説かれたが、「観光業」は「金を稼ぐ」ことだと定義している。金正日も同様の発言をしたとの見解もある。[※4]

拉致・核・ミサイルといった、北朝鮮への強いマイナスイメージを持たない欧州各国からの旅行者に対しては、体制宣伝が功を奏しているかもしれない。しかし、日本人観光客に対してはその目的が十分に達成できたか疑問が残る部分もある。北朝鮮への渡航により好印象で帰国する旅行者が多い一方、社会主義体制の優越性、さらに言えば最高指導者の「偉大性」宣伝に違和感を持って帰国する旅行者もいるからである。

もう一つ目的である外貨獲得についても、訪朝者数が少ない日本人相手では一定程度の成果しか挙げられていないのではなかろうか。但し、北朝鮮側が要求する旅行費用は、旅行者の国籍によって異なり、日本人に対しては最も高額の旅行費用を請求してきた経緯があるため、判断は難しい。

金正日国防委員長は、一九九八年に次のように語っている。金日成の「教示」とは異なる文脈で語られており注目される。

観光業を行い、資源などを売ってカネを稼いでいては経済を発展させることはできません。観光業を行うと、カネを少しは稼ぐことができるでしょうが、それはわが国の現実に合致しません。外貨を導入して経済を復興させようというのも愚かな考えです。あれほど困難であった戦後復旧建設の時期も、われわれは観光業や外貨導入などという言葉を知らずに生きました。われわれは絶対に他人のことを見る必要はありません。[※5]

北朝鮮の最高指導者は、内外環境に応じて方針を変化させてきたことが分かる。金正恩政権に対して国連安保理による経済制裁が強化される中、合法的な外貨獲得の一手段として、制裁対象に入っていない観光分野を重視することは自然の流れであったともいえる。

※1　環太平洋問題研究所編『韓国・北朝鮮総覧一九九三』原書房、一九九三年、三九二頁
※2　『朝鮮観光問答』平壌：朝鮮国際旅行社、一九九四年、一頁。
※3　「江原道を国際観光地に整備することについて」『金日成著作集』第四二巻：平壌、朝鮮労働党出版社、一九九五年、一九六頁。
※4　朝鮮新報社朝鮮問題担当班『キムジョンイルプラン』朝鮮青年社、一九九七年、九八頁。
※5　「金正日総書記の慈江道における談話（一九九八年）」『北朝鮮政策動向』No.328（二〇〇二年三月）、一一頁。

写真11　羊角島国際ホテルの「平壌娯楽場」カジノ

カジノで外貨獲得を目指す

一九九九年七月、羅先市琵琶島《ビパド》地区にエンペラーホテル・カジノが一部オープンした。これは香港エンペラーグループ（英皇集団）の全額出資で、当時の北朝鮮観光では最大規模の外貨導入事業であった。二〇〇一年八月に全体が完成しており、同グループの投資額は「一億七千万」と発表されたが、北朝鮮はその単位を明らかにしていない[※1]。

　中国人客や国内富裕層が観光を楽しむ琵琶島地区に位置するエンペラーホテルは、中国様式のホテルで、出入は厳格に統制されており、外国人は駐車場に入る時点で旅券の提示が求められる。北朝鮮人の姿は、従業員や案内員以外に全く見られない。国際電話はもちろんインターネットの利用のほか、中国高速鉄道の手配なども可能である。

表8　北朝鮮における主なカジノ

設置地点	カジノ営業時期
新義州（鴨緑江「皇宮」船上）	1990年代初め
羅先エンペラーホテル	1999年～2005年，2010年～
平壌羊角島ホテル「平壌娯楽場」	1999年～

同ホテルのカジノは一台の「大小」を除いてすべてがバカラ台であり、掛け金は米ドルが使われる。一〇ドル、二〇ドル台が各一台ずつあるが、客が入っているのは一〇〇ドルのバカラ台ばかりで計三〇台もある。二〇〇ドル台以上も存在するが、利用客は多くないようである。訪問客、宿泊客の圧倒的多数が中国人であるが、ディーリングやホテルフロントは、北朝鮮人が担当している。中国吉林省の延辺朝鮮族自治州幹部の蔡豪文が公金七〇〇万元を費やしたことが明るみに出て、中国側が圧力を加えた結果、二〇〇五年二月にカジノは撤去されたが、その後再開したという経緯がある。

エンペラーホテル以外にも羅先には奉城《ボンソン》ホテルに二カ所、南陽《ナミヤン》ホテルの計三カ所に外国人向けカジノが設置されている。

続いて平壌の羊角島《ヤンガクド》国際ホテルにおいても小規模カジノの「平壌娯楽場」が営業を始めた。なお、一九九〇年以来建築工事が中断していた一〇五階建ての柳京ホテルにも外国人専用カジノが設置される予定があった。[※2]

カジノの設置が先に引用した一九九四年時点での観光政策の原則、すなわち、「共和国政府は純粋な金稼ぎのために好色的な観光、賭博観光のような変態的で俗物的な観光を発展させず、排撃する」ことに反しているのは明らかである。

カジノは外貨獲得に一役買っているだろうが、そもそも金正日自身がカジノを嗜好していたとされる。[※3]

※1 「朝鮮中央通信」二〇〇一年八月二一日配信。
※2 「北朝鮮、マカオに合弁旅行会社設立へ」『朝日新聞』一九九〇年八月二四日。
※3 前掲、藤本健二『金正日の私生活』九九―一一四頁。

北朝鮮観光のはじまり

北朝鮮が一般の日本人観光客の受け入れを正式に表明したのは、一九八七年六月のことである。その前年にあたる一九八六年五月には「政府クラスの観光指導機関として、国家の観光政策に即して観光業の発展における全般的問題を主管し、その実行を担当指導するため」、現在の内閣にあたる政務院直属の旅行管理局を拡大改編し、国家観光指導総局を新設していた。[※1] 一九八七年九月には世界観光機関(World Tourism Organization)に正式加入し、同機関の本部があるマドリードに観光代表部を設置した。これらのことから、北朝鮮が外国人観光客の受け入れ体制を整備したのは一九八六年から一九八七年にかけてのことであり、その一環として日本からのインバウンドも開始したと考えられる。

一九八七年一〇月には、第一陣三八名の日本人が「観光」目的で訪朝した。この時は外務省が、北朝鮮渡航にのみ使用できる一次旅券を発給したことで、北朝鮮観光が実現したのである。初の北朝鮮ツアーの参加者には、戦前に朝鮮半島北半部で暮らしたことのある者が五名含まれていた。北京から空路で平壌《ピョンヤン》に入り、開城、板門店《パンムンジョム》、南浦《ナンポ》を訪れる計五泊六日のオーソドックスなコースであった。参加費用は「三九万八千円から」となっており、近隣アジア諸国への旅行に比べ際立って高額な費用を要したが、一〇月一一日に出発した第二陣も好評で、同年中に計九グループ一三〇名が訪朝した。[※2] 中外旅行社の手配によるが、日中平和観光や阪急交通社なども募集した。

このような北朝鮮による突然の受け入れ措置は、日本との関係改善、一九八八年ソウル五輪の共同開催に向けたウォーミングアップ、外貨獲得を目的とするものと捉えられた※3。

一九九八年に改正された北朝鮮憲法においても「観光事業」の組織・執行は、内閣の任務・権限とされた（第一一九条七項）。憲法に「観光」が明記されたのは一九九二年の改正憲法からであった。

また、観光事業の対外開放に際し懸念されてきた、国内事情が外国の目に露出することは、ある程度やむを得ないとの判断があったであろう。とりわけ一九九五年以降は、公に食糧援助を国際社会へ要請する等、自国社会の外部露出についてはは目をつぶらざるをえない状況に陥った。未曽有の経済危機「苦難の行軍」の時期である。

さらに、当時は一九八九年に世界青年学生祝典を平壌で開催することが決定された直後でもあり、それを念頭において外国人観光客の受け入れ体制の整備を進めたのではなかろうか。世界青年学生祝典とは、「反帝連帯」「平和・親善」をテーマに、社会主義を標榜する政党やその青年団体の代表が数年に一回集う行事である。一九八九年七月に平壌で開催された際には、一九八八年のソウル五輪に対抗してホテル建設を進める等、盛大なものとなった。

日本人を受け入れる前に、ソ連や東ドイツといった社会主義の友好国からは観光客受け入れの実績があった。本書では詳しく触れることができないが、一九五〇年代から親善訪問の受け入れを、一九六五年からは一般観光客の受け入れを行っている。さらに、一九七五年からは在日朝鮮人の「祖国訪問」も許容してきた。但し、社会主義国からの観光客や、北朝鮮内に親戚を持つ在日朝鮮人に関しては、帰国後に北朝鮮を批判する可能性が低かったため、日本人の一般観光客を受け入れるのとは全く次元が異なるものだった。

※1　方完柱・黄鳳赫『朝鮮観光案内』平壌：外国文出版社、一九九一年、一七〇頁。
※2　「北朝鮮へ観光再び　一年半ぶりに関係改善狙い受け入れ」『朝日新聞』一九八九年九月一四日付（夕刊）。
※3　「関係改善と五輪準備、外貨獲得も　北朝鮮の観光解禁」『朝日新聞』一九八七年七月一九日付。

表9　社会主義体制下の国営旅行社（冷戦期）

北朝鮮	朝鮮国際旅行社
中国	中国国際旅行社
ソ連	インツーリスト
モンゴル	ジュルチン
ポーランド	オルビス
東ドイツ	ライゼビューロー
チェコスロヴァキア	チェドック
ハンガリー	イブス
ルーマニア	オテネ
ブルガリア	バルカンツーリスト
アルバニア	アルブツーリスト

（筆者作成）

1999年2月	中外旅行社が北朝鮮観光の主軸を主催旅行から手配旅行に転換
1999年11月2日	日本政府、チャーター便解禁
2000年10月20日	現代峨山主催の金剛山観光に日本人参加可能に
2001年8月	ピースボート主催のツアーが南北朝鮮同時訪問
2002年4月29日	「大マスゲームと芸術公演『アリラン』」開催（～8月15日）
2002年9月17日	初の日朝首脳会談で「日朝平壌宣言」署名
2003年4月17日	SARSによる外国人観光客の全面的受け入れ中断（～7月12日）
2005年4月1日	旅行業法・標準旅行業務約款改正、企画旅行導入、旅程保証責任拡大
2005年8月16日	「大マスゲームと芸術公演『アリラン』」開催（～10月29日）、以後2006年を除き2013年まで毎年恒例に
2006年7月5日	日本政府、北朝鮮への渡航自粛勧告、日本旅行業協会は企画旅行の自粛を要請←ミサイル発射、その後『アリラン』中止発表
2008年7月	KACツーリスト閉鎖
2009年	日本人の年間訪朝者数が100名を下回る←「テポドン2」発射、核実験
2011年11月	サッカーW杯アジア3次予選日朝戦ツアー
2011年12月17日	金正日国防委員長死去
2014年4月1日	モランボンツーリストがKJナビツアーズに改称
2014年7月4日	日本政府、渡航自粛勧告解除←「ストックホルム合意」
2015年6月17日	ジェイエス・エンタープライズ設立
2015年9月1日	朝鮮観光ファンミーティング発足、以後年2回の会合開催
2016年2月10日	日本政府、渡航自粛勧告←核・ミサイル実験
2016年8月24日	朝鮮旅行友の会発足
2018年9月9日	「大マスゲームと芸術公演『輝く祖国』」開幕（～11月）←建国70周年
2019年6月3日	「大マスゲームと芸術公演『人民の国』」開幕するも一日で中断

（筆者作成）

表10　日本人観光客受け入れをとりまく主な動き

1987年6月13日	北朝鮮が同10月からの一般の日本人観光客受け入れを発表
1987年11月	大韓航空機爆破事件→日朝関係悪化、観光客制限
1988年3月	外務省、北朝鮮「渡航自粛」勧告
1989年7月21日	中外旅行社、北朝鮮観光業務再開
1989年末	中外旅行社、北朝鮮観光業務中断←パチンコ疑惑、チームスピリット
1990年9月	金丸訪朝団、「三党共同宣言」国交正常化交渉開始へ
1991年4月1日	日本国一般旅券の北朝鮮渡航制限条項削除
1991年5月17日	金剛山国際グループ、日朝間初のチャーター便（名古屋-平壌）
1991年6月	中外旅行社、北朝鮮観光業務再開「日朝国交正常化直前限定ツアー」
1991年10月23日	全日本空輸、日朝間にチャーター便（新潟-平壌）
1991年12月23日	JTB、初の北朝鮮ツアー
1992年4月9日	北朝鮮憲法修正で「観光」を明記
1993年6月	北朝鮮、外国人の入国を禁止←核査察問題
1994年7月8日	金日成主席死去
1994年8月22日	中外旅行社、北朝鮮観光業務再開
1995年4月	「平和のための平壌国際スポーツ・文化祭典」開催（3000人以上の日本人訪朝、「純粋に観光を目的とする」場合のみ、朝鮮・韓国籍所持者にも査証発給）
1995年5月	北朝鮮、日本人観光客受け入れ停止←核疑惑、水害
1996年4月	北朝鮮、日本人観光客受け入れ再開
1996年7月	KACツーリスト設立
1996年9月13日	羅津・先鋒自由経済貿易地帯への日本人観光客受け入れ開始
1997年	高麗文化観光社、江原道対外観光社等の部門別、地域別旅行会社が設立
1997年7月	羅津・先鋒地区でカジノ付設ホテルが営業開始
1998年9月	日朝間チャーター便停止←「テポドン」発射

中断と再開が示す、日朝関係の揺れ動き

北朝鮮の日本人観光客受け入れ開始後、早々に沈滞期に入ってしまう。一九八七年一一月に乗員乗客計一一五人全員が死亡するという大韓航空機爆破事件が発生したためである。この事件で拘束された北朝鮮工作員は、日本の偽造旅券を所持しており、日本人に成りすまして犯行に及んだ。北朝鮮は関与を一切認めなかったが、日朝関係は急激に悪化し、北朝鮮観光は直接その影響を受けたのである。

一九八八年三月には外務省が北朝鮮への「渡航自粛勧告」を出し、続いて北朝鮮側も日本人観光客の受け入れを拒否する旨発表した。そのため、北朝鮮側から招聘状を受けて一般査証を入手できる場合を除いては日本人の訪朝が困難になった。

ようやく再開されたのは一九八九年一〇月のことであった。同年七月二一日、中外旅行社は北朝鮮観光業務を再開し、一〇月八日、約二〇名が同社主催のツアーに参加した。受け入れ再開時に、北朝鮮が再開の理由を明らかにすることはなかったが、大韓航空機爆破事件の発生から二年が経過しようとしており、加えて第一三回世界青年学生祝典の開催によって、外国人の受け入れに自信を持ったものと思われる。年末まで三カ月あまりで七〇名の日本人観光客が訪朝した[※1]

しかし同年末には、再び日本人の北朝鮮観光が中断された。朝鮮総聯と関連の深いパチンコ業界から、日本社会党の議員に不正なカネが流れたのではないかという「パチンコ疑惑」や米韓合同軍事演習に対する北朝鮮側の反発が主たる理由であった[※2]。日本人観光客の受け入れは中断したままであったが、一九九〇年からは外国人観光客に対して小規模団体、すなわち二人以上からでも手配旅行を受け入れるよう

になり、白頭山《ペクトゥサン》が新たに観光地として対外開放された。

それと同時に、日本の旅行会社が平壌、南浦、開城、板門店、妙香山、元山、金剛山、白頭山の開放八地区を自由に組み合わせたツアー商品を販売することも可能となった。しかし依然として、ほとんどの観光行動の起点・終点は平壌に限られていた。日本人観光客の北朝鮮出入国地点は、平壌順安空港（現・平壌国際空港）、平壌駅、新義州駅に限られ、その旨は観光査証にも明記されていた。元山港、元汀里等が出入国地点として認められるのはきわめて稀なケースであった。ロシアのハサン駅から豆満江をわたってすぐの豆満江駅を経て羅先に観光客が直接入国できるようになったのは、金正恩政権に入ってからのことである。二〇一七年五月にはウラジオストクと羅先の間で貨客船「万景峰号」が就航してロシアからのツアーを受け入れはじめ、その後は中国の旅行会社もツアーを組んでいる。[※3]

さて、一九九〇年二月には、翌三月からの瀋陽経由名古屋・平壌間のチャーター便航空路開設を目指して日朝間の非公式接触が活発化した。同年七月には登山家、報道関係者等、民間人四九名が訪朝し、白頭山登頂を果たした。[※4] しかし、一般の日本人観光客に対しては門戸が閉ざされたままであった。

一九九〇年九月二四日から二八日にかけて、いわゆる「金丸訪朝団」が平壌に赴いた。当時の政権与党である自由民主党の「ドン」であり、元副総理の金丸信衆議院議員と、日本社会党の田辺誠副委員長が、朝鮮労働党との「三党共同宣言」（「日朝関係に関する日本の自由民主党、日本社会党、朝鮮労働党の共同宣言」）を発表する。[※5] その第四項において、日本の旅券に記載されてきたいわゆる「北朝鮮除外事項」を除去することが決定された。それまでは、渡航先として「この旅券は、北朝鮮（朝鮮民主主義人民共和国）を除くすべての国家及び地域で有効である」との一文が付されていたのである。

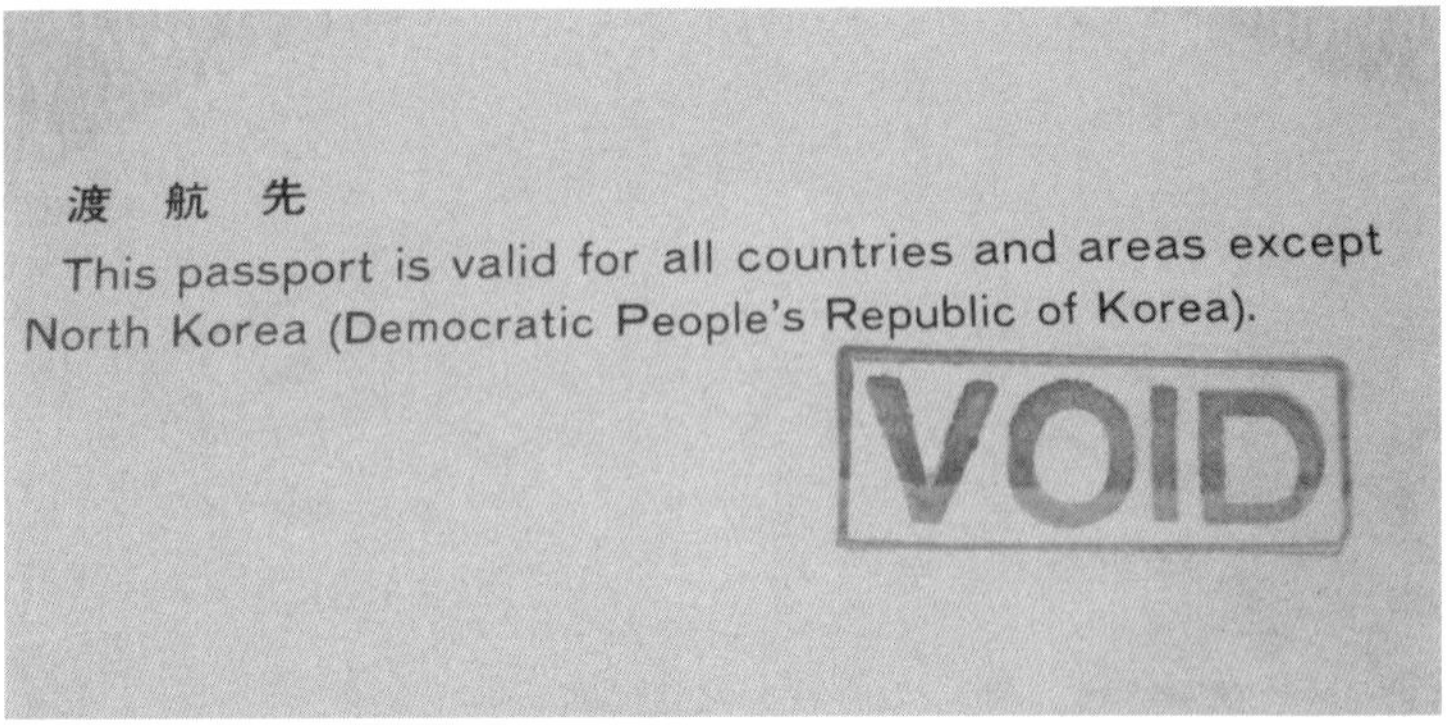

写真12　日本のパスポートに記載されていた「北朝鮮除外事項」

決定を受けて、外務省領事移住部旅券課は、「旅券の北朝鮮渡航に関する取り扱いについて」（一一月三〇日付）の中で、一九九一年三月三一日付で旅券法の外務大臣指定地域から北朝鮮を除外することを発表した。この措置に伴い、一九九一年四月から発給された一般旅券は、すべて北朝鮮除外事項が除去されたものとなった。それまでは、一般旅券に代わる特別旅券の申請手続きに時間がかかるため、旅行会社側も出発予定日の五〇日前に募集を締め切るのが一般的であったが、その後は三〇日にまで短縮された。

また、一九九一年一月の日朝国交正常化交渉本会談開催に伴い、北朝鮮側は日本人観光客の受け入れに関しても更なる積極姿勢を見せはじめ、在米韓国人女性朴敬允《パクキョンユン》総社長率いる金剛山国際グループに、名古屋・平壌間のチャーター便の同年五月就航を許可した[※6]。チャーター便は、定員一三八人の旧ソ連製ツポレフ一五四型機を利用したもので、当初、日本側の出発地として新潟が候補に挙がっていた。しかし、空港施設の警備上の問題や滑走路の長さが同機に向かないことなどから、愛知県小牧市所在の名古屋空港に変更されたという。

日朝関係改善ムードの中、中外旅行社は、六月に五泊六日の旅程で「日朝国交正常化直前記念限定ツアー」を企画し、北朝鮮観光業務を本格的に再開した。費用は「二七万九千円から」となっており、一九八七年当時のツアーに比べると値下がりしたものの、やはり割高感は否めなかった。その意味で北朝鮮は「秘境」であり、訪問のハードルが高いことが、北朝鮮に関心のある者のみならず旅行愛好家を惹きつけた。

量的調査が行われたことは無いが、純粋な「観光」で訪朝する日本人は、ほとんどが北朝鮮ウォッチャー・マニアか旅行愛好家と見られる。したがって北朝鮮ツアーを企画するのも、北朝鮮専門か（旧）社会主義国専門の旅行会社、及び「秘境」を得意分野とする旅行会社が大部分となる。金正日政権期には、「秘境ツアーのパイオニア」を自任する西遊旅行等が、金正恩政権期の現在は、中央アジアの地上手配を得意とするシルクロードトラベルインフォメーションセンター[※7]等が北朝鮮旅行を手配している。

日朝関係の好転は、日本における北朝鮮観光業界にも変化をもたらした。「サクラ」の名を冠する多くの競走馬を保有することで知られる「さくらグループ」の主力企業、モランボン株式会社の旅行事業部が法人化され、モランボンツーリスト（東京都府中市）が設立されたのである。同社は一九八〇年代に推進した日朝合弁事業で得た平壌とのコネクションを最大限活用しながら、目的別、テーマ別、さらには日朝間の交流をテーマとして北朝鮮観光に着手し、経済交流ツアーのほか、料理交流、建築家交流、図書館ツアー[※8]等、多くの目的別観光を企画、催行した。

それまで日本における北朝鮮観光の手配は中外旅行社の独占市場であった。すなわち、日本交通公社や近畿日本ツーリスト等の大手旅行会社のほかトラベル世界、地球の旅といった他の中堅旅行会社も北朝鮮ツアーを主催する際、実際の手配は中外旅行社を通すことを原則としていたのである。

また、金丸訪朝団による日朝関係好転により、わが国最大手の日本交通公社（現・株式会社ジェイティービー）が同年一二月に初の北朝鮮ツアーを催行した[※9]。さらに、同年一〇月には全日本空輸が新潟・平壌間のチャーター便を飛ばすことに成功していた[※10]。これらのことから、同年に訪朝した日本人観光客は三〇〇人程度であったが、翌一九九二年には三千人にまで増加するという予想さえ出ていた[※11]。このように大手旅行会社の参入もあり、一九九一年から一九九二年にかけて北朝鮮観光は活性化した。

しかし、大韓航空機爆破事件の実行犯である金賢姫《キムヒョニ》の証言により、日本人女性が北朝鮮によって拉致されたという「李恩恵《リウネ》問題」が浮上すると、事態は一変する。「李恩恵」氏は、後に日本人拉致被害者、田口八重子さんであることが判明している。一九九二年一一月には、日朝国交正常化交渉が中断し、北朝鮮観光も長期中断を余儀なくされた。再び沈滞期に入ったが、日本人の入国制限にまでは至らなかった。

一九九三年三月九日、米韓合同軍事演習に伴って、外国人への入国査証発給が停止されたが、同月末には解除された[※12]。北朝鮮は、例年三月に韓国で実施される米韓合同軍事演習を理由に、外国人の入国制限を行うことが多かった。例えば、一九九〇年は三月一〇日から一九日まで外国人観光客の入国を制限している[※13]。二〇〇二年までの過去一五年間のうち、三月には八回もの入国制限が行われていた。

一九九三年六月には北朝鮮のＮＰＴ脱退通告をめぐる朝鮮半島情勢の緊張、いわゆる第一次核危機の中で、日本人観光客の受け入れがまたも中断された。この時期には中外旅行社のほか、近畿日本ツーリスト等の大手旅行会社も主催旅行を企画していたが、一人の送客もできなかった[※14]。結局、同年北朝鮮に

写真13　核危機で中止に追い込まれた1993年のパンフレット

入国した日本人の数は、九〇一名に留まっている。[※15]

　一方、同年に配布された一八頁にも及ぶ中外旅行社のパンフレットには、注目すべき観光地が掲載されていた。それまで日本人観光客に開放されてこなかった新義州《シニジュ》、清津《チョンジン》、咸興《ハムン》、海州《ヘジュ》の四都市である。[※16] これらの都市は、朝鮮総聯が発行したガイドブックでも紹介されていた[※17]ため、その開放が期待されていた。清津は一九九九年に七宝山《チルボサン》の開放に伴って訪問可能となり、新義州に関しては例外的に開放されることもあったが、他の都市に関しては原則的に未開放のままであった。中外旅行社としては、一九九三年に開放都市の拡大を目指して攻勢に出ていたが、核問題の影響で実現が遠のいたことになる。

　当時、新義州については、既に中国人観光客には開放されており、丹東からの日帰りツアーは盛況であった。[※18] また、咸興は二〇〇五年から

KACツーリストによって例外的に手配が開始された。その後、新義州と咸興がほぼ例外抜きで開放されたのは二〇一五年二月のことであるが、軍港を抱える海州については、依然として限定的な開放にとどまっている。[※19]また、中国と国境を接する慈江道《チャガン》、両江道《リャンガン》については開放の目途が立っていない。

一九九〇年代前半に話を戻すと、一九九四年六月の再開通知を受けて、八月二二日には再開第一弾として中外旅行社が北京経由の、[※20]九月下旬からは名古屋・平壌間チャーター便利用の主催旅行を催行した。[※21]この頃の北朝鮮の観光収入は、年間一億米ドル程度であったと伝えられたこともあった。[※22]にわかには信じがたいが、事実だとすれば外貨獲得に大きく貢献していたことになる。

一九九五年一月二七日から三一日までは、四月に開かれる「平和のための平壌国際スポーツ・文化祭典」の宣伝を目的として、日本人記者団の入国が例外的に認められた。[※23]この祭典は、プロレスラーのアントニオ猪木氏が「日朝友好」を目的として企画したものであり、日本からは約三五〇〇名が平壌入りし、[※24]九〇名近くの報道関係者も訪朝した。[※25]猪木氏は、二〇一四年八月にも「インターナショナル・プロレスリング・フェスティバルin平壌」と題したイベントを開催している。

これだけ多くの日本人を一度に受け入れたのは世界青年学生祝典以来であり、一般観光客の訪朝数としては過去最多であった。これは中外旅行社が東京発着一六万七千円からという、それまでにない廉価でツアー客を募集したことによるところも大きい。この時に限っては「純粋に観光を目的とする」場合のみ、朝鮮・韓国籍の人々にも査証が発給され、六〇〇名程度の在日朝鮮・韓国人も訪朝した。[※26]それに先だって一九九二年三月四日には、同年四月から在日韓国人に対して、金剛山国際観光（東京）が北朝鮮査証の申請を受け付けると発表した。だが、韓国政府の反対により実現には至らなかった。

なお、その他のケースで在日韓国人に北朝鮮訪問が開放されたのは、二〇〇〇年八月の「ピースボート」によるクルーズに十数名が参加したことなど、限定的である。但し同団体は、「観光」ではなく、「友好訪問」「交流」目的で訪朝している。「ピースボート」は、二〇〇一年八月末に催行したツアーで五三〇名もの同時訪朝を実現し、日本人団体が南北朝鮮を連続して訪れるという戦後初の企画を現実させている。

一九九五年五月、北朝鮮は、またしても日本からの観光客受け入れを中断した。この時は「核疑惑」が浮上したことによる日朝関係の悪化が主たる理由だと考えられたが、スポーツ祭典で多数の外国人を入国させたデメリットを認識し、一種の揺り戻し措置がとられたとも考えられた。スポーツ祭典時には外国人観光客を担当する案内員が大幅に不足し、一部の観光客が禁を破って勝手に外出するケースが頻発していた。この時の中断期間は一年近くに及び、再開は一九九六年四月からとなった。[※27]

※1 「日本と北朝鮮、経済交流のパイプ広がる」『朝日新聞』一九九〇年二月一〇日付（夕刊）。
※2 前掲、宮塚利雄『北朝鮮観光』、一八頁。
※3 『羅先の地に刻まれた不滅の領導』平壌：外国文出版社、二〇一八年、一七四頁。
※4 「北朝鮮観光再開へ一石か　日朝友好訪問団、団体で白頭山に登る」『朝日新聞』一九九〇年七月二日付（夕刊）。今井通子は、それ以前にも訪朝し手記を発表している（今井通子『白頭山登頂記』朝日新聞社、一九八七年）。
※5 「朝日関係に関する朝鮮労働党、日本の自由民主党、日本社会党の共同宣言」『労働新聞』一九九〇年九月二九日付。
※6 「日朝直行便平壌へ、初の商業チャーター便、名古屋から3時間」『日本経済新聞』一九九一年五月一七日付（夕刊）。
※7 シルクロードトラベルインフォメーションセンターは、有限会社スカイエクスプレスが運営（https://www.silkroad-travel.com/travel/north-korea/）。
※8 「亜商がツアー、北朝鮮の企業視察—図書館、建築巡りも」『日本経済新聞』一九九三年二月一五日付（夕刊）。

※9　ＪＴＢワールドパンフレット「はじめて見る！朝鮮民主主義人民共和国（一九九一年一二月～九二年九月）」。最低参加費用は、五泊六日の旅程で三二万九千円であった。
※10　「商業ベース初、北朝鮮チャーター便―新潟空港から出発」『日本経済新聞』一九九一年一〇月二四日付。
※11　「航空各社など、北朝鮮ツアーに力―定期便開設にらむ」『日本経済新聞』一九九二年一月二八日付。
※12　「ビザ発給、今週再開か　北朝鮮」『朝日新聞』一九九三年三月二一日付。
※13　「北朝鮮、来月19日まで外国人観光客の入国制限」『日本経済新聞』一九九〇年三月一〇日付。
※14　近畿日本ツーリスト東京メディア販売事業本部パンフレット「朝鮮民主主義人民共和国」。
※15　『アジア要覧』外務省アジア局、一九九四年一月、六三頁
※16　中外旅行社パンフレット「コリョツアー朝鮮（一九九三年三月～一〇月）」。
※17　前掲、『朝鮮観光案内』朝鮮新報社出版事業部。同書の改訂版である『朝鮮―魅力の旅』ではこれら四都市が削除されている。
※18　丹東中国国際旅行社パンフレット「中国公民赴朝旅遊行程報価総彙」等を参照。
※19　「三年ぶりに日本人向け新義州日帰りツアー再開で北朝鮮への最短旅行が復活」Korea World Timesウェブページ（https://www.koreaworldtimes.com/topics/5491/）、二〇一九年五月七日最終確認。なお、同ホームページは、二〇一八年三月以降、北朝鮮観光に関して豊富な情報を提供している。
※20　中外旅行社パンフレット「朝鮮観光再開第一弾」。
※21　中外旅行社パンフレット「朝鮮―雄大なる景観・高麗の秋風をたずねて」。
※22　「訪問団同行ルポ、北朝鮮に解放の足音―外貨獲得へ観光誘致」『日本経済新聞』一九九五年二月二日付。
※23　「かいま見た市民生活　祭典のための日本人記者団の入国認める　北朝鮮」『朝日新聞』一九九五年二月二日付
※24　「スポーツの祭典、北朝鮮で始まる　日本からは３３００人」『朝日新聞』一九九五年四月二九日付。
※25　「『朝鮮の日』に記念行事」『朝日新聞』一九九五年五月一日付。
※26　中外旅行社パンフレット「スポーツ・芸術フェスティバル（一九九五年四月二二日～五月七日）」。
※27　「北朝鮮へのツアー再開　日本人対象、旅行社が募集」『朝日新聞』一九九六年三月二八日付。

次々に観光地を拡大する

一九九六年以降、日朝双方で専門の旅行会社が新設されるという新たな動きが見られた。それまで北朝鮮では、朝鮮国際旅行社、金剛山国際観光会社の二社のみが日本人観光客の受け入れを行ってきたが、とりわけ前者がほとんどのシェアを占めていた。金剛山国際観光会社は、一九八八年一一月二二日に設立され、世一観光など日本の一部特定の旅行会社と提携関係にあったが、それに加えて、新設された朝鮮青少年野営観光社等も本格的に対外業務を行うことになった。

一方、わが国では、中外旅行社、モランボンツーリストに次いで北朝鮮旅行の手配を行う三番目の旅行会社、KACツーリスト（東京都北区、のちに台東区に移転）が同年七月に設立された。同社は提携先として、朝鮮国際旅行社だけにとどまらず、金剛山国際観光会社、朝鮮青少年野営観光社等を加え、[※1]最大手の中外旅行社に対抗すべく、より低価格での北朝鮮観光催行を打ち出すとともに、普及しつつあったインターネット上での宣伝を活発に行なった。

KACツーリストパンフレット「熱冬！朝鮮の旅―平壌事務所開設記念（一九九七年一一月～九八年三月）」によると、五泊六日の平壌ツアーを二名催行で一五万九千円から募集している。また、九月一三日には、戦後初めて、日本人観光団一五〇名が中ロとの国境に近い羅津《ラジン》・先鋒《ソンボン》を訪れた。これは、同日から同地域で開催中の「自由経済貿易地帯国際投資フォーラム」に参加する形で実現したものである。[※2]この頃、金正宇《キムジョンウ》対外経済協力推進委員会委員長は、「羅津・先鋒はいつでも投資家に門戸を開いている」と題する演説を行い、同地域の開発戦略として、中継貿易基地、輸出指向型工業基地、観光、金融サー

写真14　1990年代は観光商品が多様化した

ビスの四分野を中心に据え、投資を歓迎する旨表明していた。そればかりか、投資者等へ便宜を図るため、同地区への無査証入国措置を表明する。[※3] これにより、中国吉林省の延辺朝鮮族自治州経由で日本人観光客の受け入れが開始されたが、無査証表明があったにも関わらず、実際に入国するためには、北朝鮮側の公的な招聘状が必須であり続けている。

一九九七年からは、従来一〇名以上の団体に限られていた板門店観光が二名から申請可能になった。[※4] また、金日成の遺体を永久保存し安置する錦繍山記念宮殿（現・錦繍山太陽宮殿）が一九九七年から外国人観光客にも開放された。[※5] これらは、在日朝鮮人による各社が北朝鮮側への働きかけを強めた結果であった。

この時期、中外旅行社、モランボンツーリスト、KACツーリストは、競い合うように数多くのテーマ別観光を企画した。一九九七年の日本人訪朝者数は一三五〇人で、そのうちKACツーリストの送客数は五八七人に及び、老舗の中外旅行社を抜いてトップに立った。[※6] 但し、全体の訪朝者数を見ても、一九九七年は前年の一〇五五人から約三百人も増加している。

このことは必ずしもKACツーリストの独り勝ちを意味するものではなかった。在日朝鮮人向け海外旅行を主たる業務とする中外旅行社に対して、より小規模なKACツーリストは日本人の北朝鮮観光にターゲットを絞っていたからである。一九九七年四月には、半年間の折衝を経て、KACツーリストが日本の旅行会社として初めて平壌に自社事務所を置いた。[※7] しかし、友好親善訪問や商用など「観光」以外での訪朝については、依然として中外旅行社が圧倒的に優位な地位を誇っていた。そのため、二〇〇二年九月の日朝首脳会談以降、拉致問題をめぐってそれまで以上に日朝関係が悪化するようになると、訪朝する日本人観光客は激減し、KACツーリストの経営は苦しい状況に陥ってしまう。

一九九〇年代後半、北朝鮮でも旅行会社の設立が相次いだ。第二章で列挙した高麗文化観光社、ゴールデンカップ旅行社はいずれも一九九年に設立された。行政機関傘下の旅行会社が設立されたのである。高麗文化観光社は、文化省（元・朝鮮文化芸術部）傘下の旅行会社であり、北朝鮮の音楽家、舞踊家、陶芸家等の芸術家や歴史資料、文物管理、博物館を管轄し、それらの観光業務を専門とした。一方、ゴールデンカップ（金杯）旅行社は、朝鮮体育委員会傘下の旅行会社であり、アマチュア・プロスポーツの合同練習、交流試合や、サイクリング、登山等を取り仕切った。

さらに、羅先市人民委員会所属の羅先行政経済委員会観光局（のちに羅先観光会社と改名）、江原道人民委員会所属で元山・金剛山手配を担う江原道対外観光社、七宝山へのガイドや漁郎《オラン》空港への送迎を主たる業務とする七宝山旅行社等、地域別旅行会社が軒並み設立され、主に朝鮮国際旅行社の依頼を受ける形で、日本人観光客の受け入れや対応を開始したのもこの時期のことであった。

これらは、地域別、単位別の自力更生という当時の重点的経済政策に呼応した動きであった。自力更生とは、「苦難の行軍」に陥り配給制が停滞した北朝鮮において、食料や日用品の確保を各地方や事業体に求める動きである。一九九八年に入ると、北朝鮮では自力更生キャンペーンが全国的に展開されるようになっていた。その後、金正恩時代に入ると、平壌高麗国際旅行社や満浦旅行社等、さらに多くの旅行会社が設立されたことは第二章で述べたとおりである。

※1「KAC朝鮮トラベルニュース」創刊号、一九九六年一二月。
※2「北朝鮮に五一年ぶり墓参 旧住人一〇五人、羅津など初訪問」『朝日新聞』一九九六年九月一四日付(夕刊)。
※3『北朝鮮の経済と貿易の展望一九九六年版』日本貿易振興会、一九九六年、二〇二頁。
※4「KAC朝鮮トラベルニュース」第二号、一九九七年一月。
※5 前掲、「KAC朝鮮トラベルニュース」第二号、一九九七年一月。
※6「KAC朝鮮トラベルニュース」第一五号、一九九七年一二月。
※7「KAC朝鮮トラベルニュース」第七号、一九九七年四月。

日本人観光客の積極的な誘致活動

一九九〇年代末になると、金日成命日(七月八日)や、金正日誕生日(二月一六日)等の前後などに設定される、外国人観光客の短期的な入国制限措置を除いて、日朝関係の悪化による入国拒否を行わなくなってきた。観光事業に対してより積極的な姿勢が見られるようになったのである。

一九九八年二月一七日から新潟市で開催された「新潟・北東アジア経済会議」に対外経済協力推進委員会研究員二名が参加し、観光ブースを設置する等の宣伝活動が行われた。二〇〇二年二月には、国家観光総局から二名の代表が来日し、マスゲーム「アリラン」の宣伝活動を行っている。北朝鮮側が日本において直接観光宣伝を行うことはきわめて珍しい。

また、北朝鮮の観光代表部は、一九九八年六月から新義州の対岸にある中国の丹東でも、日本人に対する観光査証発給業務を開始した。[※1] ちなみに、国交のない日本人観光客に対して、北朝鮮は「観光証」を発給しているが、一九九三年までは「観光査証」という名称であった。本書では両者を厳密に区別せず、ともに「観光査証」と表記している。日本人に対して観光査証発給業務を拡大したにも関わらず、一九九八年の日本人送客数は六三五人と、前年度の半数にも満たない大幅減となった。

同年八月三一日には、北朝鮮が「人工衛星『光明星一号』を搭載した『白頭山一号』ロケットの打ち上げ」と主張する「テポドン一号」ミサイルの発射を行っている。北朝鮮の飛翔体が日本列島を越えた、この「テポドンショック」が原因で北朝鮮へのチャーター便の運航が中止されたことも、日本人送客数の大幅減に影響したと考えられる。観光客以外の友好親善訪問、商用、親族訪問等を目的とする訪朝者も軒並み減少した。[※2]

※1　「KAC朝鮮トラベルニュース」第二二号、一九九八年六月。
※2　「KAC朝鮮トラベルニュース」第二七号、一九九八年一二月。この数字は、中外旅行社及びKACツーリストによる送客

数の合算とされる。外務省ホームページによれば、六七二名となっており多少の誤差がある。いかなる根拠をもってこの数値を出したのかは明らかでないが、出入国カードの渡航先記入欄を集計した入国管理局の統計だとすれば、善意にせよ未記載者が出る可能性があり、結果として誤算が生じることになる。また、旅行社側が集計した数字も、招聘機関や旅行手段の多様性を考えると誤差が生じる可能性がないとはいえない。したがって、日本人の北朝鮮渡航者数は、大まかな動向把握として見るのが妥当であろう。

北朝鮮への入国ルートも多様化

一九九九年に入ると、従来二人以上の「団体」のみ北朝鮮「観光」としての入国を許可していた方針が転換され、一人からの手配旅行が可能になった。二名の案内員と行動を共にするという原則に変化は無いものの、北朝鮮への個人旅行が可能になったのである。

中外旅行社は、業務の中心を手配旅行に移し、同時に新潟空港発ウラジオストク経由の新企画を打ち出した。[※1]手配旅行に重心を移した理由として、旅行業法の改正により主催旅行会社の責任が加重されたという日本側の事情があげられる。そのことは、北朝鮮による一方的な観光客の受け入れ中断があった場合に対するリスクヘッジとなる。旅行会社がツアーの募集から催行まで責任を負う主催旅行でキャンセルが生じた場合、それに対する保障を要するが、個人手配旅行の場合にはそれが免除されるからである。

なお、その後の日本政府による渡航自粛勧告や二〇〇五年の旅行業法再改正によってその傾向は加速化している。中外旅行社は自ら主催旅行や企画旅行を募集することを避け、「朝鮮旅行友の会」からの

表11　日本人観光客対象の北朝鮮ツアーを企画した主要旅行会社（金正日政権期）

分類	会社名
ランドオペレーター	中外旅行社、KACツーリスト、モランボンツーリスト
ランドオペレーターを通した手配旅行を扱う旅行会社	アジア総合開発、西遊旅行、ロシア旅行社、トラベル世界、世一観光、ファイブスタークラブ、RTOインターナショナル、中国婦女旅行社（中国）
ランドオペレーターを通さずに手配旅行を扱う旅行会社	マップ（ネイチャーワールド）、マックスエアサービス、スリーオーセブンインターナショナル、丹東中国国際旅行社（中国）
主催旅行会社	近畿日本ツーリスト、日本交通公社（ディスカバーワールド）、藤江エアーサービス、風の旅行社、阪急交通社、京王観光、ニュージャパントラベル（富山市）、日中平和観光、日中旅行社、日中国際旅行社、中日旅行社、FTGトラベル（名古屋市、富士タクシーグループ）、旅のデザインルーム、サントクエンタープライズ、ビップ航空サービス（大阪市）、地球人倶楽部、地球の旅、勝美旅行社（台湾）
友好親善団体	ジャパングレイス（ピースボート）、日朝友好の翼（日本キムイルソン主義研究会等）

手配依頼企画を重視し、ジェイエス・エンタープライズは同様に「朝鮮観光ファンミーティング」の手配依頼を受注している。

さて、一九九〇年代後半には日本各地よりウラジオストクへの航空便が就航する。その結果、ウラジオストク経由で北朝鮮に入国する旅程のほうが、従来の北京経由よりも廉価となった。とりわけ一九九八年の秋に、日朝間の直行チャーター便が停止されて以降、ウラジオストク経由のルートは北朝鮮に入国するための新ルートとして注目された。

清津への手配旅行も可能となった。[※2] 日本海に面する清津は、付近に七宝山や鏡城堡《キョンソンボ》温泉等を擁しており観光資源が豊富である。しかし、清津市内での宿泊は一泊に限られ、交通手段も平壌発漁郎空港行きの高麗《コリョ》航空の国内チャーター便を利用するしかなかった。一九九六年八月に朝鮮新報社から出版された『朝鮮―魅力の旅』

には、清津及び七宝山の観光案内が掲載されている。[※3] そのため、近いうちに清津の観光が開放されるものと考えられていた。

一九九六年六月には、金正日が七宝山の視察を行い、多くの観光客を受け入れるよう指示している。[※4] 北朝鮮で最高指導者の「お言葉《マルスム》」は、ただちに実際の政策につながるものとなる。また、前年秋より韓国の現代峨山が金剛山の開発を独占した結果、朝鮮国際旅行社が新たな観光資源を模索することを迫られた結果だとも考えられる。

一九九四年以来、北朝鮮書籍の輸入販売に携わってきた朝鮮専門書店レインボー通商（東京都千代田区、現在は高知県高岡郡佐川町）は、清津観光の解禁にいち早く反応した。同社は、それまで毎年二回程度の北朝鮮ツアーを企画していた。北朝鮮ツアーに参加する日本人観光客にリピーターが多いことに注目し、新たな観光商品を求める観光客のニーズに応える形で、四月二五日からの大連経由・清津観光を企画、募集しはじめたのである。

中国北方航空が週二往復で、大連経由の北京・平壌便を運行していた。日本から平壌への直行チャーター便が停止されたなか、日本各地から大連へ複数の直航便が就航している状況に着目し、日本人向けの清津ツアーを新たに企画したのである。しかし同ツアーは、最少催行人員の一〇名を集めることができず、不催行となった。

北京、瀋陽、大連、丹東、ウラジオストク経由等、北朝鮮に入国するルートは多様化した。とはいえ、同国に対するイメージの悪さや情報不足から、日本人の訪朝希望者は少ないままであった。

一九九六年一月には九月山《クウォルサン》も開放されている。九月山は、黄海南道に位置し、当時、白頭山、金剛山、

表12　日本人が観光可能な地区（金正日政権期）

	特徴・主な観光地	手配種別
平壌	首都、金日成銅像、凱旋門、主体思想塔、万景台生家	◎
開城	高麗の都、板門店・軍事分界線・JSA	◎
妙香山	KEDO等国際会議開催、親善展覧館、普賢寺	◎
金剛山	内金剛、外金剛、海金剛	◎
元山	江原道の港湾都市、金剛山への中継点	◎
白頭山	「密営」、中国名「長白山」、三池淵空港	◎
九月山	黄海南道	○
信川	信川博物館（朝鮮戦争時の「米帝による虐殺の地」）	○
南浦	平壌の外港、西海閘門	◎
清津	咸鏡北道、漁郎空港	△
七宝山	咸鏡北道	△
咸興	咸鏡南道、北朝鮮第二の都市	△
会寧	咸鏡北道、金正淑（金正日の母）生誕地	△
羅先	経済貿易地帯	○

◎：一般のツアーに組み入れられる地区

○：手配旅行で指定すれば受け入れられる地区

△：特殊なツアーで訪問されたことのある地区

写真15　平壌駅に掲げられたスローガン

妙香山、智異山とともに朝鮮五大山に位置づけられていた。前出の一九九〇年版『朝鮮観光案内』でも九月山は紹介されていたが、[※5]一九九六年版『朝鮮—魅力の旅』には掲載されていなかった。しかし一九九六年一〇月に金正日が現地指導したことから急速に整備が進み、観光が解禁されたのであった。[※6]建設には多くの軍人が動員されている。

　当時、北朝鮮は高句麗壁画古墳のほか、平壌市、妙香山《ミョヒャンサン》、金剛山、開城・板門店を世界文化遺産に登録申請しようとした。[※7]国連教育科学文化機関（ユネスコ）世界遺産委員会は、二〇〇四年に平壌近郊の高句麗古墳群を登録し、二〇一三年には高麗王朝の都だった開城の遺跡地区の登録を決定した。ユネスコ諮問機関の国際記念物遺跡会議（イコモス）は、「高麗王朝が仏教から儒教に移行する時期の文化的、精神的、政治的な価値を内包している」と評価した。

二〇〇二年六月には、モランボンツーリストが「一般家庭」へのホームステイを成功させた。但し、トラブルが多かったのか、その後旅行会社はホームステイ観光の取り扱いに躊躇するようになっている。

このように紆余曲折はあるにせよ、北朝鮮観光の発展と多様化は、中外旅行社をはじめとする日本の専門旅行会社が受け入れ側の朝鮮国際旅行社及び国家観光総局に新たな観光商品を提案し折衝することで成し遂げられてきたのである。

※1　中外旅行社パンフレット「朝鮮民主主義人民共和国（一九九九年三月～一一月）」。時期、内容により一八万五千円から四三万三千円までのツアー（手配旅行）が掲載されている。
※2　前掲、「KAC朝鮮トラベルニュース」第二七号、一九九八年一二月。
※3　『朝鮮─魅力の旅』朝鮮新報社出版事業部、一九九六年、一三七頁。
※4　「偉大な領導者金正日同志が七宝山を見て回られた」『労働新聞』一九九六年六月六日付。
※5　『朝鮮観光案内』朝鮮新報社出版事業部、一九九〇年、五六～五七頁。
※6　「朝鮮人民軍最高司令官金正日同志が九月山を文化休養地として整備するための事業に参加した朝鮮人民軍軍部隊の建設場を視察された」『労働新聞』一九九六年一〇月一七日付。なお金正日は、翌一九九七年五月一日にも現地指導している。（「朝鮮人民軍最高司令官金正日同志が正方山と九月山を人民の遊園地として整備するための事業を現地で指導された」『労働新聞』一九九七年五月二日付。）
※7　『朝鮮時報』一九九九年五月二七日付。「北朝鮮：開城の遺跡、世界遺産に」『毎日新聞』二〇一三年六月二四日付（夕刊）。

写真16　マスゲームも重要な観光資源とされる

北朝鮮観光の集大成としてのマスゲーム「アリラン」

「大マスゲーム及び芸術公演『アリラン』」は、そのような北朝鮮観光の発展のいわば集大成として企画された。北朝鮮ではそれまでも不定期にマスゲームが上演されてきた。[※1] しかし二〇〇二年は金正日の還暦、故金日成生誕九〇周年、朝鮮人民軍創建七〇周年といった節目にあたり、動員人数十万人規模のマスゲームで国威を発揚するとともに、それを外国人に公開することで体制宣伝と外貨獲得も狙うという、北朝鮮にとって国家的な行事であった。

「アリラン」開幕を直前に控えた二〇〇二年四月二六日、金正日は金永南や趙明録ら主要幹部を伴なって公演を観覧している。また、『労働新聞』等の北朝鮮メディアは、連日「アリラン」開催に関する報道を繰り返した。「アリラン」の初日には、日本の報道機関をはじめ多くの外国記者を受け入れ、力の入れようを見せつけた。

開催期間中、日本人観光客の査証発給に必要な時間は、約一週間に短縮された。二〇〇二年五月末ごろまでに、百万人余りの北朝鮮の軍人、勤労者、青少年・学生及び五〇近くの国々から七〇〇余りの代表団・観光団が「アリラン」を観覧したと発表された。だが、関係者によって、外国人観光客は数万人程度だったことが明らかになっている。そのうち中国人は約一万人で圧倒的に多く、台湾、東南アジア諸国からの観光客が続き、日本人は千人程度だったという。

「アリラン」は、二〇〇七年に世界最大規模のマスゲームとしてギネス世界記録に認定されている。二〇一三年までほぼ毎年続けられ、日本人観光客を対象とした観光ツアーも数多く企画された。[※2]

その後大型マスゲームの上演は控えられていたが、建国七〇周年を記念して二〇一八年九月には「輝く祖国」、二〇一九年六月には「人民の国」と題して新しい演目で復活した。そもそも北朝鮮がマスゲームを重視するのは、「青少年学生を全面的に発達した共産主義的人間」に育てるためであり、「強い組織性と規律性、集団主義精神をつちかわせ」るのに役立つからであるが、「外国との友好関係の発展にも大いに寄与」することが期待されている。[※3]

例えば、「輝く祖国」の外国人向け料金は、最も安く一般的な三等席で一〇〇ユーロ、限定三〇シートの特等席に至っては一人八〇〇ユーロに設定されている。それを考えれば、やはりマスゲームも体制宣伝とともに外貨獲得の一翼を担っていると言える。

※1　古田博司「北朝鮮マスゲーム批判序説―初期の思想的意匠と近代化の虚構」鈴木正崇編『東アジアの近代と日本』慶應義塾

大学出版会、二〇〇七年、一―三二頁。拙稿「統制社会の北朝鮮―監視と動員」前掲、小此木政夫・礒崎敦仁編『北朝鮮と人間の安全保障』、二五―四七頁。
※2　例えば、中外旅行社パンフレット「アリラン観覧ツアー」、二〇〇九年。企画は「学友書房」になっている。
※3　金正日『マスゲームをさらに発展させるために―マスゲーム創作家たちとの談話（一九八七年四月一一日）』平壌：外国文出版社、二〇〇六年、一―二頁。

北朝鮮観光におけるトラブルの発生

北朝鮮観光にはいくつか特有の問題点が見られる。団体で入国を申請し、ある特定の人物だけ観光査証が発給されない、ということは比較的よく起きる。[※1]もちろん個人申請においても査証拒否は発生する。のみならず、先述のように日朝関係の状況に応じて、日本人観光客全員を一時的に入国制限する措置も頻繁にとられた。出発直前、または出発後、経由地滞在中もしくは北朝鮮滞在中に、突如として日程変更を強いられるケースも少なくない。日本を発つ前日に、「出入国手段を列車から航空機に変更せよ」という連絡が来ることもある。これは旅程管理責任及び旅程保証責任を負う日本の旅行会社にとって悩みの種となり、主催旅行を躊躇せざるをえない材料となる。[※2]

しかし、一九九六年四月以降は、北朝鮮側が日本人観光客の受け入れを全面的に拒むことはほとんどなくなってきている。主要な記念日の前後数日間と、米韓合同軍事演習が実施される三月に受け入れ停止期間を設ける年はあるものの、長期にわたる観光査証発給拒否は行われなくなった。例えば、一九九七年初頭に急浮上した日本人拉致問題によって日朝関係が急激に悪化した当時も、観光事業は継続された。二〇〇六年七月の「テポドン二号」ミサイル発射で日本が渡航自粛勧告を出した際も、「試験通信衛星『光明星』を搭載した『銀河一号』の打ち上げ」と主張した北朝鮮側は、観光客を受け入れ続けた。日本でも中外旅行社やKACツーリストは、手配旅行の形で観光客の受け入れを継続していた。

従来、観光の中断は政治外交の影響によるものであったが、その他の理由による中断も見られるようになった。大別すると、第一に防疫のため、第二に訪朝観光客が受け入れ能力を上回ったため、である。

防疫面では、二〇〇三年四月から七月にかけてのSARS（重症急性呼吸器症候群）による外国人観光客の全面的な受け入れ中断が主たる例である。他にも、二〇一四年一〇月から二〇一五年三月にかけて西アフリカで流行したエボラ出血熱対策のために受け入れを中断している。

一方、訪朝観光客が受け入れ能力を上回った例としては、二〇一九年三月に外国人入国者数を一日一〇〇〇人に制限することを決めたことがある。前年から北朝鮮が対話攻勢に出て、一一年ぶりの南北首脳会談、史上初の米朝首脳会談が実現した結果、平和ムードで七、八月には一日の平均入国者が一八〇〇人に達したという。国連安保理による経済制裁の強化により追い詰められた経済状況を打開するため、制裁の対象外である観光に注力した結果ともいえたが、北朝鮮は観光産業により年間四四〇〇万ドルを稼いでいると推算された[※3]。

また、冬季は電力事情の悪さもあって外国人観光客を受け入れない期間もあったが、二〇一三年から通年の受け入れが始まった。しかし、初年度は年末年始のカウントダウンで訪朝した日本人はいなかったという[※4]。それ以降は複数の旅行会社がカウントダウンツアーを手配し、複数の日本人観光客が平壌で年末年始を過ごしている。二〇一六年の年末から翌年年始にかけて平壌氷祭りが開催されるようになった。

なお、当然のことながら、他の旅行先と同様に北朝鮮でも事故は発生しうる。二〇〇四年四月二二日、中国との国境に近い龍川《リョンチョン》駅付近で原因不明の大規模な列車爆発事件があり、朝鮮中央通信は、「死者一五〇人以上、負傷者一三〇〇人以上」と被害状況を報じた。※5 この事件に外国人観光客は巻き込まれなかったが、北朝鮮を旅行中のマレーシア人観光客複数名が交通事故により死亡したこともあった。

二〇一八年四月二二日、北朝鮮で中国人客を乗せた観光バス一台が橋から転落するという事故が発生し、少なくとも中国人三二人、北朝鮮人四人が死亡した。開城から平壌に向かう途中の黄海北道で事故が発生したという。この事故は、前月に金正恩国務委員長の初外遊ともなった中朝首脳会談が約七年ぶりに開催され、北朝鮮の核開発などにより悪化していた両国関係の回復が見込まれている中で発生した。そのため、金正恩は、在平壌中国大使館を慰問したばかりか、事故にあった中国人観光客を自ら見舞い、遺体と負傷者を護送するための専用列車を見送ったことが『労働新聞』でも大きく報じられた。※6 国内で交通事故が発生したこと自体報道されることが稀な体制の中で、異例の出来事であった。

他に北朝鮮観光におけるトラブルとして懸念されるのは、観光客拘束の可能性である。外国人が旅行中に拘束される例はどこでも見られるが、それが北朝鮮となれば大きなニュースになる。一九九九年一一月二日には、前年の「テポドンショック」以来ストップしていた北朝鮮へのチャーター便運航を日本政府が解禁したが、一二月四日に、日本人の拘束事件が発生した。純粋な「観光」客ではなかったものの、塩見孝也元日本赤軍議長とともに訪朝した元日本経済新聞社社員杉嶋岑氏が、「スパイ行為」をしたとの理由により北朝鮮当局に拘束されたのである。※7 同氏は、二年二カ月の抑留生活を経て、二〇〇二

表13　日本人の北朝鮮渡航者数（2001年以降は出入国カードの廃止により不明）（単位：人）

1987年	1988年	1989年	1990年	1991年	1992年	1993年
2,055	584	1,746	1,943	2,347	4,287	901

1994年	1995年	1996年	1997年	1998年	1999年	2000年
1,606	2,801	1,611	1,968	672	640	1,616

※出入国カードの渡航先記入欄を集計した入国管理局の統計は、善意にせよ未記載者が出る可能性がある。

年二月に解放された。[※8]

二〇一八年八月には日本人観光客が拘束されるという事件が発生したことは第二章で述べた通りである。日本人観光客の拘束事件と同じ時期に、別の日本人学生が平壌で泥酔し、ホテルの模型や植木鉢を壊して弁償を求められるというトラブルも発生したと報じられている。[※9]その事件の影響で、訪朝申請時に学生は学生証の提示を求められるようになったという。[※10]

訪朝した外国人は、たとえ短期滞在の観光客であっても外国人登録が必要とされる。朝鮮民主主義人民共和国出入国法第四四条で、「領域に入国した外国人は、目的地に到着した時から四八時間以内に滞留登録を行い、旅券もしくは別に受けた査証に確認を受けねばならない」と定めているからである。[※11]この手続きのため、原則として北朝鮮入国直後より旅券を案内員に預けることになるが、海外旅行中に旅券が手元に無いという不安は、北朝鮮観光のマイナス面として捉えられることが多い。但し、北朝鮮側は外国との社会・文化的ギャップを埋めるサービスの一環として捉えているようである。

何よりも、一般の日本人の対北朝鮮イメージが向上しない限り、旅行者数の顕著な増加を見込むのは難しい。それまで年間約千人のペースで日本人観光客が訪朝したが、二〇〇七年、二〇〇八年は拉致問題による日朝関係悪化に伴い、わずか一五〇人にまで落ち込んだ。その後一〇年以上が経過したが、一九九〇年代のような盛り上がりを見せることはなかった。

※1　宮川淳「一書店から感じる業界の現時点の問題点」『祝杯』第三号（二〇一四年）、八六頁。
※2　二〇〇五年以降は、旅行業法の改正により、主催旅行は企画旅行と称される。
※3　"NK 'limits' foreign visitors as it might face reception problems ahead of the peak season", *Global Times*, March 12, 2019.
※4　丸田智隆「どう変わる北朝鮮旅行二〇一四年夏」『祝杯』第四号（二〇一四年）、七八頁。
※5　「龍川駅爆発事故被害状況―被害半径二キロ、死亡者一五〇名、負傷者一三〇〇名」平壌発朝鮮中央通信、二〇〇四年四月二六日。
※6　「敬愛する最高領導者金正恩同志がわが国に来た中国観光客の中で人命被害事故が発生したことに関連してわが国駐在中華人民共和国大使館を慰問訪問されて病院を訪ねられ負傷者たちを温かく慰労された」『労働新聞』二〇一八年四月二四日付。「敬愛する最高領導者金正恩同志がわが国で事故に遭った中国人死亡者たちの遺体と負傷者たちを護送するための専用列車を見送られた」『労働新聞』二〇一八年四月二六日付。
※7　「朝鮮中央通信社報道」『労働新聞』一九九九年一二月三〇日付。
※8　杉嶋岑「私と北朝鮮『三つの約束』」『文藝春秋』二〇〇二年五月号。同『北朝鮮抑留記―わが闘争二年二カ月』草思社、二〇一一年。ほかにも日本人男性が観光客として訪朝した際、朝鮮国際旅行社の案内員に亡命意思を表明し、北朝鮮側に強く拒否される等の事例が見られる。
※9　「『北朝鮮ツアー』羽目を外した『慶大生』の高くついた勉強代」『週刊新潮』二〇一九年二月二八日号、三七頁。
※10　中野鷹「北朝鮮で慶應義塾大生が起こした乱痴気騒ぎの影響と異常な日本の世論」『祝杯』第一三号（二〇一九年）、五七頁。「北朝鮮旅行の申請時の身分確認が厳格化されたワケ」Korea World Timesホームページ（https://www.koreaworldtimes.com/topics/travel/5528/）、二〇一九年五月三〇日最終確認。
※11　「朝鮮民主主義人民共和国出入国法」『朝鮮民主主義人民共和国法規集（対外経済部門）』平壌：法律出版社、二〇一四年、二五八頁。

写真17　米国のスパイ船「プエブロ号」は反米教育に用いられてきた

政治外交の影響を受ける北朝鮮観光

　金正日政権期において、北朝鮮が観光事業により積極的な姿勢を示したのは、「強盛大国」論という経済発展ビジョンを打ち立て、「実利」を追求しはじめたことのほか、一九九八年秋から本格化した金剛山開発によって観光業のメリットを指導部が強く認識したためと考えられる。

「強盛大国」とは、一九九八年秋以降となえられるようになった金正日体制のスローガンで、正確には「社会主義強盛大国」と称された。政治思想強国、軍事強国、経済強国の三本柱だが、前二者は「既に十分な水準に達している」とされるため、実質的には経済発展を目指すという目標の提示であった。二〇〇七年一一月以降、金日成生誕一〇〇周年・金正日生誕七〇周年を迎える二〇一二年に「強盛大国の大門を開く」

との中期的目標を掲げ、盛んに宣伝してきた。二〇一一年から「強盛国家」と呼ばれるようになったが、金正恩政権はこの用語をほとんど用いず、「社会主義強国」建設を掲げている。[※1]

その一方、冷戦期の社会主義国家における「観光」は体制宣伝を主たる目的としたものであり、北朝鮮ではそれが現在でも顕著である。主体思想塔や党創建記念塔などの見学が基本コースに組み入れられているほか、観光行動の統制が実施されている。

韓国人による金剛山観光は盛況であったが、日本人観光客は、一九八九年の「世界青年学生祝典」、一九九五年の「スポーツ祭典」、二〇〇二年の「アリラン」開幕を除き、一年間にせいぜい千人程度しか訪朝しておらず、それ以上の増加を見込むのは難しい状況であった。

但し、当時は北朝鮮が日本人観光客の受け入れを推進するにあたり、日本政府は積極的な反対姿勢を示さなかった。一九八九年八月から日本政府は北朝鮮への渡航に「海外危険情報」を発出しているが、二〇〇六年七月の「テポドン二号」発射までは、従来の「注意喚起」に相当する「十分注意して下さい」の危険度に概ねとどまっていた。その理由としても、日朝間に国交がなく、北朝鮮には日本国の在外公館がないことが提示されているだけで、観光客拘束の危険性については特段触れられてはいなかったのである。

一九九〇年代半ば以降、それまで中外旅行社の独占であった日本における北朝鮮観光手配の市場が、複数の旅行会社が競争するものに変容、各社が消費者の多様なニーズを北朝鮮側に伝えた結果、観光地の開放は拡大し、観光商品は多様化した。しかし、大手旅行会社は、軒並み北朝鮮観光を停止したままの状態が続いている。

金剛山事業でも、韓国人観光客が北朝鮮側の案内員に韓国亡命を諭したとして拘束されたり、北朝鮮に残留しようとして韓国の国家保安法違反で逮捕される等の事件が続いた。二〇〇〇年一〇月になってようやく日本人も金剛山観光に参加できるようになったが、翌年には一時、金剛山観光自体が破綻の危機に陥った。

北朝鮮の観光政策は、同国政治外交の直接的影響を受けざるを得なかった。大きく捉えれば、政治外交政策の一環であったということもできよう。実際、国家観光総局の局長によれば、二〇一八年は南北首脳会談や米朝首脳会談開催のニュースを受け、「朝鮮観光がブーム」となった。同年、「朝鮮を訪れた観光客の数は昨年の二倍に上る勢いだ。昨年（筆者注：二〇一七年）の戦争危機から一転、朝鮮半島の平和への機運が高まっていることが観光分野にも大きな影響をもたらした」のだという。[※2]

※1　「強盛大国」論をはじめとする金正日政権の国内政策論理については、前掲、拙稿「金正日体制の出帆」。拙稿「金正日『先軍政治』の本質」小此木政夫編『危機の朝鮮半島』慶應義塾大学出版会、二〇〇六年二八三―三〇四頁。拙稿「金正日とイデオロギー―北朝鮮「先軍思想」への道」『慶應の教養学』慶應義塾大学出版会、二〇〇八年、五九―九二頁。
※2　「人気スポットは板門店／朝鮮観光のいま」朝鮮新報平壌支局版、二〇一八年一一月一日付。

万寿台大銅像で記念撮影する人々

第四章

韓国人の北朝鮮観光

——開城観光とは何か

韓国人にとって「行きたくても行けない観光地」

ここまで主に日本人の北朝鮮観光について見てきたが、観光地や手配方法などの側面においてヨーロッパや東南アジアなどからの観光客と大差はない。異なる扱いを受けていると言えるのは中国人観光客で、中国と国境を接する新義州や羅先等への日帰り、ないし一、二泊の短期観光の場合に限って旅券無しで受け入れてきたことは、第二章で触れた通りである。

日本人が他の外国人と異なる扱いを受けるとすれば、日朝関係の悪化に伴い、米国人とともに民泊施設への宿泊が許容されなかったり、受け入れ中断が発生したことがある程度である。朝鮮国際旅行社の受け入れ費用は、①先進国、②東南アジア諸国、③中国と大きく三つのカテゴリーに分けられており、日本人観光客は欧米諸国からの訪問客とともに①先進国に分類されている。

しかし、韓国人の場合は根本的に事情が異なっている。北朝鮮は米国人を含む外国人観光客を受け入れてきたが、そこに韓国人は含まれていない。

そもそも南北朝鮮は、相互を主権国家として認めているわけではない。一九九一年一二月一三日の第五回南北首相会談で合意し、翌一九九二年二月一九日に発効した「南北間の和解と不可侵および交流・協力に関する合意書」（南北基本合意書）は、「双方の間の関係は、国と国との関係ではない、統一を志向する過程で暫定的に形成される特殊な関係である」と明記されている。北朝鮮が韓国人観光客を受け入れることはなく、一方の韓国政府も北朝鮮観光を自国民に対して許可していなかった。

そのような関係が、一九九八年二月の金大中政権発足から一変する。南北朝鮮の和解が進み、経済協

写真18　史上初の南北首脳会談（2000年６月）

力において観光事業が中心的な地位を占めるようになったのである。[※1]　一九九八年一一月一八日から一般の韓国人でも金剛山を訪れることが可能になった。二〇〇七年一二月からは、ソウルから日帰りで開城を訪れるツアーも催行されるようになった。

「花より団子」という表現は、言うまでもなく「風流より実利」という意味だが、朝鮮語では同じ意味を表す「金剛山《クムガンサン》も《ド》食後《シック》の景色《ギョン》」という表現がある。それほど金剛山は朝鮮半島の人々にとって親しまれてきた山であった。にもかかわらず、半島分断の影響で、韓国人にとっての金剛山は「行きたくても行けない観光地」の一つであった。

二〇〇八年までに一九〇万人以上もの韓国人が金剛山観光のために訪朝した。南北朝鮮間での二〇〇〇万人もの人的往来は無視しうる数字ではなく、金剛山の旅行記や取材記が無数に執筆

された。[※2]

しかし、金剛山観光開始一〇周年を目前に迎えた二〇〇八年七月一一日には、金剛山滞在中の早朝に自由行動をしてしまった韓国人女性観光客を北朝鮮の軍人が射殺するという事件が発生し、その後のツアー催行が全面的に中断した。一方の開城観光は、二〇〇七年一二月五日に始まっていたが、この韓国人観光客射殺事件の影響で、開始から一周年を経ることなく中断された。

これらの経緯は、複雑な南北関係や半島情勢を知るうえで重要な素材となる。わが国でも金剛山観光や開城観光について数多くの報道記事が見られたが、論考として公刊されているのは旅行記、紀行文の類が中心である。[※3]

金剛山観光については、とりわけ韓国で観光研究者や北朝鮮研究者により多くの論考が見られる。[※4]日本でも李良姫が文化人類学及び「観光人類学」の見地から金剛山観光に迫っており、北朝鮮という国家が樹立される以前の歴史にさかのぼって金剛山を考察している。しかし、その学問の特性上なのかマクロの視点が不足しているばかりか、平壌の錦繍山太陽宮殿について「一般観光客も半ば義務的に参観させられているが、『クムスサン記念宮殿』は北朝鮮体制の宣伝に最もよく利用されている」など、実態とはかけ離れた記述も目立つ。[※5]

本章では、金剛山観光に比べて論考の少ない開城観光に焦点を当て、その展開過程を振り返る。金剛山と開城の観光事業を独占的に取り扱ってきた韓国企業、現代峨山《アサン》の公開資料、及び『北韓観光白書』をはじめとする韓国観光公社や韓国統一部の資料をもとに、そのあらましを描いてみたい。[※6]

※1　南北経済協力に関する論稿はわが国でもいくつか出ているが、全体像の把握には二階宏之編著『朝鮮半島における南北経済協力―韓国からの視点』アジア経済研究所、二〇〇八年が有用。韓国では、南北経済協力フォーラム編『金剛山、平和を迎える』ソウル：セチャンメディア、二〇一八年等。

※2　例えば、崔吉城「北朝鮮・金剛山観光参加記」『東亜大学紀要』第一〇号（二〇〇九年）、五九―六三頁。吉田健一「朝鮮半島ルポ・垣間見えた「生」の北朝鮮―金剛山陸路観光に同行取材」『世界週報』八四巻四六号（二〇〇三年一二月九日号）、三二―三五頁。

※3　例えば、小牟田哲彦「南北朝鮮を静かに揺さぶる開城観光の意義」『東亜』第四九四号（二〇〇八年八月）、六六―七三頁。

※4　代表的なものとして、李長春『観光―統一・韓民族のビジョン』ソウル：白山出版社、二〇〇〇年。高有煥「金剛山観光事業の意味と評価」『統一経済』二〇〇二年三・四月号、二九―三四頁などの短めの論考は無数にある。

※5　李良姫『民族分断と観光―金剛山観光から見る韓国と北朝鮮関係』溪水社、二〇一八年、七八頁。錦繍山太陽宮殿は、二〇一二年二月に改称される以前から外国人観光客への開放を積極的に行っておらず、申請ベースで受け付けている。万寿台の金日成・金正日大銅像すら、二〇一六年秋頃から外国人観光客の参拝が義務化されなくなったのは第二章で述べた通りである。

※6　筆者は、二〇〇八年八月二九日及び九月三日に、現代峨山企画室海外事業部課長をはじめとする複数の実務担当者にインタビューを行ったほか、一一月一二日と一三日の両日、現代峨山の代表理事社長、経営支援本部長、金剛山支社長、韓国観光公社南北観光事業団長ら多数の関係者に対して事実関係の確認を行った。

ソウルから至近距離の開城

開城は、北朝鮮にとって重要な観光地である。二〇〇二年九月二七日付の北朝鮮政府機関紙は「朝鮮には世界的に名のある素晴らしい観光地が多い」として、平壌市の次に開城を紹介している。[※1]北朝鮮が発行している各種のガイドブックでも、開城は例外なく大きな扱いを受けている。豊富な観光資源を有しているばかりか、ソウルから約七〇キロと至近距離なことも重要な要素である。[※2]

現代峨山による開城観光は、金剛山観光と同様に、煩雑な手続きが不要で、高額な費用も必要としないため、日本人が手軽に訪朝するきっかけとなった。二〇〇七年一二月に日本人向け開城観光がスタートして以来、報道関係者も参加した。[※3] 平壌を起点とした従来型の観光には、原則としてメディア関係者の参加が認められていない。この点からも、開城観光の特殊性が垣間見える。

開城観光は「隔離され、監視されての観光」である。[※4] 観光の旅程については、各種媒体で詳しく紹介されている。[※5] 次は、現代峨山のホームページをもとに作成した、ソウル発の開城日帰り観光の日程である。

〜七：〇〇	（ソウル各地から）韓国側出入事務所（ＣＩＱ）到着
七：〇〇〜八：〇〇	発券及び出境手続き
八：〇〇〜八：一五	軍事境界線を通過
八：一五〜八：三〇	北朝鮮側出入事務所（ＣＩＱ）到着及び入境手続き
八：五〇〜一六：三〇	観光及び昼食 朴淵《パギョン》瀑布、観音寺 昼食（民族旅館等の食堂） 崇陽《スンヤン》書院、善竹《ソンジュク》橋、高麗博物館、開城工業地区（車窓から見学）
一六：三〇〜一七：〇〇	北朝鮮側出入事務所で出境手続き
一七：〇〇〜一七：一五	軍事境界線を通過
一七：一五〜一七：四五	韓国側出入事務所で入境手続き
一七：四五〜	ソウル各地へ移動[※6]

写真19　売店で買い物をする韓国人観光客

現代峨山が北朝鮮側と事前に取り決めたタイムスケジュールに則り、月曜日を除く週六回、七台から一〇台程度の大型バスが連なって、開城市内を観光する形式がとられた。

本来、観光目的での訪朝には一般査証の代わりに観光査証の取得が必要になる。また、観光査証の取得には招聘状が必要とされている。わが国における観光での訪朝手続きは、中外旅行社をはじめとする専門旅行会社が扱ってきたが、韓国からの開城観光については、金剛山観光と同様に、韓国国内の代理店を通じて手続きを行うのが一般的であった。わが国でも、モランボンツーリストなど複数の旅行会社が手配を行っていた。

現代峨山によると、参加者情報はツアー催行五日前に北朝鮮側へ通知される。それ以前に韓国国内で警察庁及び統一部への届出が必要なため、韓国人観光客の締め切りはツアー催行一〇日前になっていた。

一方、外国人観光客の場合は韓国国内での手続きが不要のため、七日前の申し込みでも問題ないとのことであった。また、日本人観光客が開城ツアーに参加する場合、他の韓国人観光客と同様に朝鮮語で案内を受けることになるが、日本人が一〇名以上集まれば現代峨山側の費用負担で日本語通訳が外注手配されていた。

日本から北朝鮮への渡航は、直航便がない以上、第三国を経由せねばならず、朝鮮国際旅行社が日本人観光客の受け入れ業務を事実上独占しているため、近隣国のわりには旅費が高額なものとなることは前章までに確認した。しかし、ソウルからの日帰りであれば、大規模団体のため、開城観光はわずか一八万韓国ウォン（約一万八〇〇〇円）という低廉な費用で訪れることが可能になったのである。

訪朝した外国人は、たとえ短期滞在の観光客であっても外国人登録が必要とされ、一般の北朝鮮観光であればそのために案内員に旅券を預けなくてはならないが、韓国からの金剛山・開城観光では旅券を預ける必要もなかった。韓国側における出入境手続きでは、旅券に通常の出入国印と同時に「都羅山《トラサン》↓開城」もしくは「開城↓都羅山」と書かれたスタンプが押されるが、北朝鮮側の出入境手続きに必要なものは、現代峨山から配布される「観光証」のみであった。外国人でも旅券の提示が不要なのである。

しかし、北朝鮮を離れる際にデジタルカメラの写真を削除されるケースは非常に多かった。とりわけ開城ツアーは、団体バスから車窓の風景を楽しむ時間が長い一方で、車外の写真を撮ることは禁じられていた。北朝鮮滞在中に禁止事項を行った場合、一〇ドルから一〇〇ドルほどの罰金が南北間で取り決められていたが、実際にはほとんど徴収されることはなかったという。

写真20　売店では北朝鮮製の菓子類が売られていた

その他、金剛山観光では、罰金と別途に北朝鮮側に誓約書を提出させる処分があったが、開城観光ではそのような経験を生かし、韓国側職員ができるだけ未然にトラブルを防ぐための方策をとっているとのことであった。

※1　『民主朝鮮』二〇〇二年九月二七日付。（朝鮮中央通信でも同様の報道。「世界観光の日」に関する報道。）
※2　観光地としての開城を紹介したものとして、『開城』平壌、観光宣伝通報社、出版年不明（一九九四年入手）。文光善・洪南基『開城―高麗・千年の都』梨の木舎、二〇〇九年。
※3　例えば、「（風）ソウル「還暦」の南北、道は交わるか」『朝日新聞』二〇〇八年一月一一日付。「開城ツアー盛況韓国から北朝鮮へ 持ち物検査や撮影には制限も」『読売新聞』二〇〇八年二月六日付。「北朝鮮、ビジネスは「歓迎」、韓国人観光客受け入れ―開城ツアールポ」『日本経済新聞』二〇〇八年五月二六日付。「北の案内人「韓国に非」報道や反応に強い関心―中断通告の開城ツアールポ」『東京新聞』二〇〇八年一一月二六日付。
※4　「開城観光の中断、北の真意は 南北の陸路も制限」『東京新聞』二〇〇八年一二月八日付。
※5　現代峨山が作成した案内用冊子として『開城観光ガイド』（韓国語）、『*North Korea Tour : Mt. Kumgang & Kaesong*』（英語）等があり、詳しい旅程が掲載されている。また、『二

〇〇七北韓観光白書』ソウル：韓国観光公社、二〇〇八年、六四―六九頁でも整理されている。
※6 「開城観光」現代峨山ホームページ（http://www.ikaesong.com/）、二〇一九年五月三一日最終確認をもとに作成。

韓国・現代グループはどのように開城観光を切り開いたか

一九八九年一月三一日、訪朝した現代グループ名誉会長の鄭周永《チョンジュヨン》と金日成主席との間で金剛山観光開発事業の実施が合意された。人的往来を伴う南北経済協力事業として注目されたが、その後第一次核危機が発生し南北関係が沈滞期に陥ったため、実現は九年も後のことになった。

一九九八年二月に金大中が大統領に就任し、北朝鮮に対する宥和的な関与政策である「太陽政策」が掲げられてから状況が好転した。一九九八年四月三〇日には「南北経済協力活性化措置」が発表され、それに最初に呼応したのが鄭周永であった。

一九九八年六月一六日、「苦難の行軍」期の食糧危機の中、鄭周永は手土産として牛五〇〇頭を連れ、板門店経由で訪朝し、金剛山観光事業について再度北朝鮮側と合意した。さらに同年一〇月末に再び訪朝し、一一月一八日に金剛山へ観光船を出すことについて、「国家の最高職責」として国防委員長に再推戴されたばかりの金正日から直接承諾を得た。

北朝鮮側は、このような鄭周永による南北経済協力の業績を高く評価しており、二〇〇三年一〇月六日には「柳京《リュギョン》鄭周永体育館」を平壌中心部の普通江区域に開館している。北朝鮮の重要施設に韓国人の名前が冠されたのは初めてだと言われる。

写真21　開城市内を走っていた韓国・現代自動車製の観光バス

二〇〇〇年八月二二日、現代峨山と北朝鮮側は開城観光の催行を含む「経済協力事業権に関する合意書」、いわゆる「経済協力に関する七大合意書」に合意した。

二〇〇二年一一月二〇日、北朝鮮の最高人民会議常任委員会は「朝鮮民主主義人民共和国開城工業地区法」を政令として採択した。その第三〇条では「工業地区に出入、滞在、居住する南側及び海外同胞、外国人は、定められたところにより開城市の革命事績地、歴史遺跡遺物、名勝地、天然記念物等を観光することができる」「開城市人民委員会は、開城市の観光対象と施設を立派に整え、保存、管理して必要なサービスを提供しなければならない」と規定された。※1

そして二〇〇五年七月に訪朝した現代グループ会長の玄貞恩《ヒョンジョンウン》は、金正日との会見において、開城観光の実施への直接承認を得ると、早速、同年八月から九月にかけて、三回の試験観光を実施した。しかし、二〇〇五年になると北朝鮮側とのパイプ役となっていた現代峨山の金潤圭《キムユンギュ》副会長の退陣問題に反発し、北朝鮮側は事業パートナーをロッテ観光に変更する方針を示す。事業パートナーを現代とロッテのどちらとするかという問題について、決定は開城観光が実施される直前までもつれ込んだ。

二〇〇七年一〇月頃まではロッテ観光も参入に並々ならぬ意欲を持っていた。※2 ロッテ観光側は「現代峨山が開城観光に対する独占権を持っているかも不明確であり、このことに対する北朝鮮の立場を聞く必要がある」としていた。※3

二〇〇七年一〇月、金正日国防委員長と盧武鉉大統領との間で、史上二回目の南北首脳会談が平壌で開催され、開城観光の開始が最終決定された。それればかりか、両者が署名した「南北関係の発展と平和・繁栄のための宣言」(「一〇・四宣言」)では、第六条「北と南は、民族の悠久な歴史と優秀な文化を輝かせるため、歴史、言語、教育、科学技術、文化芸術、体育等、社会文化の交流と協力を発展させていくことにした」の中で、「白頭山観光を実施し、そのために白頭山―ソウル直航路を開設することにした」とされたのである。※4 その後、韓国で保守政権が発足したこともあり実現には至らなかったが、北朝鮮観光史に残る画期的な合意であった。この第二回南北首脳会談の直後、二〇〇七年一二月五日に開城観光が開始されている。

現代峨山や韓国観光公社のカウンターパートとなり、金剛山及び開城観光を主管している北朝鮮側の組織として「名勝地総合開発指導局」が存在し、韓国側担当者は同組織を「名勝地」と呼んできた。二〇〇七年三月一日から金剛山と開城の両観光地域に関して「民間支援団体関係者の訪問を無期延期する」とされたが、これを現代峨山に通告してきたのも「名勝地」であった。[※5]「名勝地」は、長年北朝鮮の対南窓口であったアジア太平洋平和委員会の傘下組織、すなわち朝鮮労働党統一戦線部の下部組織だと考えられている。それまでの北朝鮮報道を見ても、現代峨山関係者の訪朝はいずれもアジア太平洋平和委員会の招請によるもので、同委員会と現代峨山の「共同報道文」が発表されたこともある。二〇〇三年八月七日、現代グループの鄭夢憲《チョンモンホン》会長の追悼会が金剛山で開催されたが、そこに参加した「関係部門幹部」として「宋浩敬《ソンホギョン》朝鮮アジア太平洋平和副委員長、方種三《バンジョンサン》金剛山国際観光総会社総社長、許赫弼《ホヒョクピル》民族和解協議会副会長等が追悼の辞を述べた」と報じられた。二〇〇四年五月一三日に平壌を訪れていた現代グループ会長を見送った人物として、「中央特区開発指導総局の関係幹部」も挙げられている。

※1 「朝鮮民主主義人民共和国開城工業地区法」『朝鮮民主主義人民共和国法典（大衆用）』平壌：法律出版社、二〇〇四年、一八一頁。また、当時の事情については、南成旭『開城工団開発対備体系的開城観光育成方案―開城観光を通じた南北経協次元』ソウル：韓国観光公社、二〇〇四年。
※2 「金キビョンロッテ観光会長〝開城観光開始努力〟」『朝鮮日報』二〇〇七年一〇月二二日付。
※3 「ロッテ観光、開城観光再推進」『朝鮮日報』二〇〇七年三月二〇日付。
※4 二〇〇七年の南北首脳会談の概要については、拙稿「北朝鮮の視点から見た二〇〇七年南北首脳会談」『紀要国際情勢』第七八号（二〇〇八年）、一一五―一二八頁。
※5 「北朝鮮、観光地立ち入り制限、韓国団体に、南北に対立の兆候」『日本経済新聞』二〇〇八年三月五日付。

韓国人女性射殺事件の余波

二〇〇八年七月一一日、金剛山における韓国人女性射殺事件が発生すると、韓国側関係者には緊張が走った。七月一八日には韓国政府が開城観光を「全面的に再検討」すると伝えられた※1。当時、現代峨山関係者は口をそろえて「金剛山観光開始から一〇年間で最悪の事態」だと語っていた。

金剛山の事件のあおりを受け、開城観光でも韓国人参加者によるキャンセルが相次ぐと思いきや、現代峨山によると、実際には「開城への観光客はほとんど減らなかった」という。開城観光は金剛山観光とは異なり、複数台のバスに分乗した韓国人観光客が同時に既定の観光地を訪問するものである。そのため、収容可能人数の上限が厳しいという事情が関係していた。そもそも日帰りという手軽さから収容可能人数を上回る訪問希望者がいたため、実際のツアー参加者が際立って減少することはなかったのである。現代峨山によれば、収容可能人数は六〇〇人というが、通常は五〇〇人として観光客の受け入れを慎重に継続してきた。

しかし、射殺事件後は安全管理の面で、観光客に対するケアを万全なものとするため、一日の催行人数を三〇〇人に減らしたという。人数割りの決裁方法をとる北朝鮮側にとって、収容可能人数を引き下げることは収入減を意味するが、北朝鮮側は現代峨山の提案を受け入れたのであった。短期的な外貨獲得よりも信頼醸成による長期的な外貨獲得を優先した結果であった。

しかし、二〇〇八年一一月二八日、二一〇人の観光客がバス六台に分乗したツアーを最後に、開城観光は中断することになった。開始から一年も経たないうちの中断は、多くの関係者にとって予想し得な

写真22　開城名物の唐辛子味噌「コチュジャン」

い帰結であった。同日には、南北縦断鉄道の運行も中断した。二二二往復目の車両は、何も運ぶものがなく、機関車と車掌車の二両編成で、乗務員二名だけが乗ったという。

北朝鮮がなぜ開城観光まで中断したのかは明らかにされていない。一般的には、李明博《イミョンバク》政権が過去一〇年続いた対北融和政策を大幅に見直していることに北朝鮮が反発し、南北交流を一方的に遮断したことが原因だと見られている。※2

しかし、別の側面も考えられる。例えば、二〇〇八年一一月三〇日午後に、北朝鮮の軍事実務責任者が韓国側に送った電話通知文がヒントとなる。この書簡では、開城や金剛山に対する「不純な宣伝物、出版物、電子メディアの持ち込みを一二月一日から禁止する」と新たに通告してきたのである。※3 わざわざ禁止する以上は、「不純な宣伝物、出版物、電子メディア」の持ち込みが行われ、北朝鮮側に何らかの不利益を

表14　韓国人の訪朝者数（金剛山・開城への観光客を除く、単位：人）

1989年	1990年	1991年	1992年	1993年	1994年
1	183	237	257	18	12
1995年	**1996年**	**1997年**	**1998年**	**1999年**	**2000年**
536	146	1,015	3,317	5,599	7,280
2001年	**2002年**	**2003年**	**2004年**	**2005年**	**2006年**
8,551	12,825	15,280	26,213	87,028	100,838
2007年	**2008年**	**2009年**	**2010年**	**2011年**	**2012年**
158,170	186,443	120,616	130,119	116,047	120,360
2013年	**2014年**	**2015年**	**2016年**		
76,503	129,028	132,097	14,787		

出典：韓国統一部

表15　金剛山・開城観光客数（単位：人）

	1998年	1999年	2000年	2001年	2002年	2003年
金剛山	10,554	148,074	213,009	57,879	84,727	74,334
開城	–	–	–	–	–	–

	2004年	2005年	2006年	2007年	2008年	合計
金剛山	268,420	298,247	234,446	345,006	199,966	1,934,662
開城	–	1,484	-	7,427	103,122	110,549

出典：韓国統一部

及ぼしたことは、想像に難くない。南北間交流の副作用が南北交流にブレーキをかけた、という要因も考えうるのである。

※1 「金剛山射殺　韓国観光会社は苦境に　政府、安全対策を問題視」『読売新聞』二〇〇八年七月一九日付。
※2 「韓国、日米寄りに転換 李政権の政策反映」『読売新聞』二〇〇八年一二月一二日付。
※3 「韓国からの新聞・雑誌持ち込み禁止、新たに通告／北朝鮮」『読売新聞』二〇〇八年一二月一日付。聯合ニュースによると、開城工業団地管理委員会については、韓国の新聞九紙、計二〇部の持ち込みを例外的に認めていたという。

金剛山・開城観光の事業規模

二〇〇八年下半期は韓国ウォンの下落が続き、韓国人観光客の集客には逆風が吹いていた。そのような中で韓国人女性射殺事件が発生し、金剛山観光の中断、開城観光の中断に至った。

二〇〇八年一一月の中断までに、開城観光の参加者数は累計で十一万人以上にのぼった。断片的な数値となるが、二〇〇七年一二月から二〇〇八年八月までに開城を訪れた観光客の累計は九一一二七名で、うち外国人は二一四五名（二・四％）だったという。一方の金剛山観光の参加者数は累計で一九五五九一一名、そのうち外国人は一二七四八名（〇・七％）だという。ソウル発着で日帰り日程の開城観光は、金剛山よりも外国人観光客の比率が高い。韓国人の中には分断以前に北朝鮮に住んでいた者も含まれるが、最も多いのは四〇代から五〇代の首都圏（ソウル特別市、仁川《インチョン》広域市、京畿道《キョンギ》）在住者であった。[※1]ある特定の層だけが北朝鮮観光に関心を持ったのではないことが分かる。

表16　金剛山観光 北朝鮮側への支払い形式

<table>
<tr><th>開始月</th><th colspan="4">形式</th></tr>
<tr><td>1998年12月</td><td colspan="4">事業開始翌月から６年３カ月間（2005年２月まで）で９億４千200万米ドル</td></tr>
<tr><td>2001年６月</td><td colspan="4">人数分支払い・入境別へ。海路100ドル、陸路50ドル</td></tr>
<tr><td rowspan="2">2004年７月</td><td rowspan="4">日数別</td><td>日帰り</td><td>１泊２日</td><td>２泊３日以上</td></tr>
<tr><td>10ドル</td><td>25ドル</td><td>50ドル</td></tr>
<tr><td>2005年５月</td><td>15ドル</td><td>35ドル</td><td>70ドル</td></tr>
<tr><td>2006年７月</td><td>30ドル</td><td>48ドル</td><td>80ドル</td></tr>
</table>

（現代峨山・韓国統一部資料より筆者作成）

表17　現代峨山の業績（単位：億韓国ウォン）

	1999年	2000年	2001年	2002年	2003年	2004年	2005年	2006年	2007年
売上総額	716	942	352	702	896	1,784	2,350	2,230	2,555
純利益	△37	△1,288	△511	△88	△634	8	142	145	169

（現代峨山資料より筆者作成）

表18　金剛山観光 北朝鮮側への支払い総額（単位：万米ドル）

1999年	2000年	2001年	2002年	2003年	2004年	2005年	2006年	2007年	2008年	計
20,600	13,600	3,721	2,149	1,313	1,525	1,348	1,230	2,038	1,141	48,665

（各報道をもとに筆者作成）

前述の通り、開城観光への参加費用は現代峨山によって一人一八万韓国ウォンに設定されていたが、そのうちの一〇〇ドルは北朝鮮側に送金されることになっていた。この形式に落ち着くまでには紆余曲折があった。

一九九八年に金剛山観光が開始された当初は、北朝鮮側への支払い金額は観光客数とは無関係に固定されていた。この時、現代側は三〇年間の金剛山独占開発権を得る対価として、二〇〇五年三月までの六年四カ月間に九億四，二〇〇ドルを毎月分割払いすることで合意していた。北朝鮮側に有利な取引のように見えるが、当時大統領外交安保首席秘書官だった林東源《イムドンウォン》によれば、現代側としてはうまくいった交渉であり、満足しているといっていたという。[※2]

その後、現代峨山は北朝鮮側と交渉を継続した結果、二〇〇一年六月から訪朝者一人あたり、海路は一〇〇ドル、陸路は五〇ドルを支払うことで落ち着いた。さらに、二〇〇四年七月からは訪問日数別の支払いとなった。二〇〇八年七月に中断された時点で金剛山観光は日帰りで三〇ドル、二泊三日で八〇ドルとなっており、開城日帰り観光の一〇〇ドルはそれに比べれば割高といえた（表15参照）。

また表16を見ると、現代峨山の金剛山観光は苦しい事業運営が続いていたことが見て取れる。金剛山観光については表17のとおり一九九九年から二〇〇八年七月の中断までに約四億九千万ドル、開城観光については二〇〇七年一二月から二〇〇八年七月までの八カ月間で五七三万八六〇〇ドルの対価が北朝鮮側に支払われている。なお、観光事業中断長期化による経済への波及効果については董龍昇《ドンヨンスン》の研究がある。[※3]

現代峨山にとっては二〇〇四年が転機となった。一九九八年にスタートした金剛山観光は赤字続きで

2002/4/4	金剛山観光客経費補助実施（学生・教員・離散家族等に対して観光経費の60-100%を補助）
2002/9/10-9/12	金剛山観光活性化のための第２次当局間会談開催
2002/11/22	現代-アジア太平洋委員会、東海線臨時道路を通じた陸路観光実施に合意（2002/12/5から試験陸路観光実施、観光定例化及び鉄道・道路連結後拡大）
2002/11/25	北朝鮮、「金剛山観光地区法」発表（自由な投資及び観光活動の保障 、「地区管理機関」構成、特区の開発・運営）
2003/2/14-2/16	東海線臨時道路開通式及び試験陸路観光 - 事業者、各界人士ら計466名が試験観光に参加（１泊２日もしくは２泊３日）
2003/6/30	開城工業地区着工式
2003/8/4	鄭夢憲、現代峨山本社から投身自殺
2003/9/1	金剛山陸路観光を開始（10/9から毎日実施）
2004/6/19	金剛山１泊２日観光開始
2004/7/3	金剛山日帰り観光開始（7/20から毎日実施）
2004/10/11	金剛山観光地区内の道路を新規舗装及び補修工事の無償支援を決定
2004/10/11	「不動産規定」発表
2004/10/13	金剛山協力事業変更承認（ゴルフ場18ホール・９ホール建築）
2004/11/19	金剛山６周年記念行事及びゴルフ場着工式開催
2005/6/7	金剛山観光客100万人突破
2005/7/16	玄貞恩会長が訪朝、金正日国防委員長と会談。開城観光は現代が実施で合意。白頭山観光のため３回の試験観光実施で合意
2005/9/1	玉流館・金剛山ファミリービレッジ・第２温井閣開館
2005/12/9	エマーソンパシフィック、南北協力事業者承認
2005/12/22	第２次金剛山体験学習実施
2005/12/30	エマーソンパシフィック、南北協力事業承認（金剛山ゴルフ、スパリゾート建設・運営）
2006/4/1	統一部、消防署建設支援議決
2006/5/8	農協中央会、南北経済協力事業者及び協力事業（金融業）承認

表19-① 金剛山観光・開城観光をとりまく主な動き

1989/1/24	鄭周永会長が初訪朝、金剛山観光議定書を締結
1998/2/25	金大中大統領就任
1998/6/16-6/23	鄭周永名誉会長一行が板門店を通過して訪朝（２回目、牛500頭同行）、金剛山観光・開発事業を協議,遊覧船による金剛山観光実施「議定書」、遊覧船観光細部内容に関する「契約書」締結（6/22）
1998/9/7	「不動産規定」発表、現代と北朝鮮の間で合作投資方式
1998/10/27	鄭周永会長が板門店を通過して訪朝（３回目）、金正日国防委員長と会談、金剛山観光の許可
1998/11/18	金剛山観光開始。金剛山観光船「金剛号」初出航（11/20「蓬莱号」初出航）
1999/2/5	（株）現代峨山設立
1999/1/15	協力事業変更承認（事業範囲：観光船による金剛山観光事業→金剛山観光事業及び金剛山観光開発事業）
1999/6/21	閔泳美氏（6/19風岳号乗船）抑留事件発生（観光中断）。閔泳美氏長箭港で現代側に引渡し（6/26早朝東草に到着）
1999/8/5	観光再開（「観光細則」及び身辺安全に関する合意書締結（7/30））
1999/10/23	外国人金剛山観光開始（風岳号16名搭乗）
2000/6/13-6/15	南北首脳会談（金正日国防委員長・金大中大統領）
2000/8/22	鄭夢憲会長が訪朝、金正日国防委員長と会談。現代とアジア太平洋委員会、観光事業拡大・工業地区建設・社会間接資本建設等についての「経済協力に関する７大合意書」締結。開城観光も含まれる。
2000/9/30	金正日国防委員長、鄭夢憲会長の案内で金剛山の観光施設を視察
2001/3/21	鄭周永死去
2001/6/23	協力事業（者）変更承認 - 協力事業（者）に韓国観光公社を追加
2001/10/3-10/5	金剛山観光活性化のための第１次当局間会談開催
2002/1/23	金剛山観光持続のための政府支援方針発表（観光公社の基金貸出条件緩和、金剛山観光経費補助、外国商品販売所設置許容）

あったが、二〇〇四年にはわずかながら黒字に転じたのである。

　金剛山観光は、北朝鮮に強い関心を持つ者や北朝鮮を故郷とする者以外に、一般の韓国人が多数参加するものであり、リピーターは多くなかった。そのため、リピーターをいかに確保するか、すなわち現代峨山にとっては、「持続可能な観光商品の開発」が課題となっていた。[※4]市場を拡大するうえでは、年間二二四万人（二〇〇七年）もの訪韓者数を誇る日本人が、主たるターゲットと考えられた。韓国観光公社は、二〇〇七年一〇月から一二月にかけて、日本に居住している日本人七二五名を対象に、「日本人の北朝鮮観光意識調査」を実施し、日本市場の可能性を探った。

　また、中国人観光客の集客を目指し、中国国際旅行社や中国青年旅行社との協力関係が強化された。シンガポール、香港からの観光客受け入れも実現している。その後は台湾、ドイツ、イスラエルなどの市場も開拓していくとのことであった。現代峨山は、金剛山、開城に続いて白頭山と平壌の観光にも業務を広げていこうとしていた時期であった。

　白頭山観光については、二〇〇七年一一月に現代グループ会長の玄貞恩が平壌を訪問した際、「白頭山観光合意書」を締結している。だが、同年一二月に政府関係機関の合同踏査を実施した後も、観光解禁に向けた動きは見られなかった。当時現代峨山代表だった趙建植《チョゴンシク》は、白頭山観光開始に必須となる三池淵《サムジヨン》空港の諸般施設整備のために相当な費用と時間が必要なためだ、と理由を明らかにしていた。[※5]

　白頭山観光の次に解禁が待ち望まれているのが平壌観光であった。開城観光が開始した二〇〇七年頃は、韓国人による平壌観光も二〇〇九年頃には催行可能になると考えられていた。[※6]また、従来のＤＭＺ（Demilitarized Zone　非武装地帯）観光、板門店観光と、平壌観光を結びつける構想も出てきていた。[※7]

しかし、金剛山観光も開城観光も一〇年以上中断している現状において、韓国人による平壌観光は幻となっており、一般的にはその構想すら忘れられがちである。

※1 「開城観光、失郷民より首都圏中年層集まる」『朝鮮日報』二〇〇八年一月一八日付。
※2 林東源（波佐場清訳）『南北首脳会談への道―林東源回顧録』岩波書店、二〇〇八年、二二六頁。
※3 童龍昇「金剛山観光中断長期化が南北韓経済に及ぼす波及効果」『KTO北韓観光動向』第二巻第三号（二〇〇八年九月）、三一―四一頁。
※4 趙建植「南北観光の成果と課題」『南北観光活性化とPLZ（平和生命地帯）観光資源化のためのシンポジウム』ソウル：韓国観光公社南北観光事業団、二〇〇八年、二一―二二頁。
※5 同右、二四頁。
※6 「〝平壌観光〟開放か 早ければ二〇〇九年から白頭山観光に連携 現代峨山推進」『朝鮮日報』二〇〇七年一一月二〇日付。
※7 カングヮンホ「PLZ（平和生命地帯：Peace-Life Zone）開発と南北観光商品連係開発方案」前掲、『南北観光活性化とPLZ（平和生命地帯）観光資源化のためのシンポジウム』、四七―六〇頁。著者のカングヮンホは当時韓国観光公社副社長。

観光は北朝鮮の体制に変化をもたらすのか

長期的な視点からは、金剛山、開城といった南北間の観光事業が北朝鮮の体制にいかなる変化をもたらすかは重要な論点となりえた。たとえば趙建植は、南北間観光でもたらされた変化を五つ指摘していた。第一に、「北朝鮮側の軍事地域が平和区域に変化した」と、金剛山観光が行われる高城港《コソン》地域は、北朝鮮の海軍基地がある軍事地域であったが、観光によって変貌したと評価していた。第二に、「南北の理解の幅が広がっている」と、北朝鮮側のサービスが韓国の影響を大きく受けるようになったことを

表19-② 金剛山観光・開城観光をとりまく主な動き

2006/5/27	内金剛コース踏査
2007/5/27, 5/28	内金剛試験観光実施（２回）
2007/5/28	金剛山免税店開店
2007/6/1	内金剛観光実施（それ以前は外金剛のみ）
2007/6/25	（株）韓国LPガスに南北協力事業者及び南北協力事業同時承認
2007/10/2-10/4	南北首脳会談（金正日国防委員長・盧武鉉大統領）
2007/10/4	玄貞恩会長、南北首脳会談の特別随行員として訪朝。開城観光の開始と白頭山の50年間独占開発を発表
2007/10/13	金剛山神渓寺落成式
2007/11/2	玄貞恩会長が訪朝、金正日国防委員長と会談、開城観光・直行便による白頭山観光に合意
2007/11/30	（株）韓国LPガス、ガス充填所竣工式
2007/12/5	開城観光（日帰り）開始
2007/12/8	現代峨山-北朝鮮側関係者毘盧《ビロ》峰踏査
2007/12/12-12/15	政府合同現地安全点検実施
2008/1/13	第３次金剛山体験学習実施
2008/3/17	金剛山乗用車観光実施
2008/5/28	エマーソンパシフィック、金剛山ゴルフ場を正式オープン
2008/7/11	金剛山観光客射殺事件発生
2008/7/12	金剛山観光中断
2008/10/15	開城観光参加者10万人突破
2008/11/28	開城観光中断

（韓国統一部及び現代峨山資料等をもとに筆者作成）

指摘していた。現地の食堂は、観光客の誘致のために努力するようになり、モノを販売する際には価格を調整する等、経済に対する考え方が変わってきたと評価している。第三に、韓国の「国内旅行業界の新たな市場領域を創出した」こと、第四に、韓国の「雪岳《ソラク》山及び高城隣接地域の経済活性化に寄与した」こと、第五に、韓国の「青少年の民族・統一意識高揚に寄与した」ことを挙げていた。[※1]

北朝鮮観光の当事者が事業を肯定的に評価するのは当然であるが、このうち本章の文脈においては、第一及び第二の指摘が重要だと思われる。金剛山観光事業は金正日自ら承認したものであるからこそ、軍港を観光利用することすら可能になったのである。当時、この決定を聞いた韓国国家安全保障会議は半信半疑だったという。[※2]

南北間交流が人々の意識に変化をもたらす可能性については、もっと注目されて良い。体制に動揺がないとの自信のもとに南北経済協力が進められたと考えられ、人々の意識の変化が即体制の動揺につながるわけではない。しかし、先にも述べたように金剛山に引き続いて開城観光まで中断した背景には、北朝鮮側が予想していた以上に、韓国人による観光が国内社会に悪影響を及ぼしたと捉えられた可能性はある。

※1　前掲、趙建植「南北観光の成果と課題」、一六―一八頁。
※2　前掲、林東源『南北首脳会談への道』、二一五頁。

団体客に出された料理（元山）

第五章

ガイドブックで見る北朝鮮

平壌発行の公式ガイドブックを読みとく

ガイドブックに記載された内容の経年変化をたどることで、様々な情報を読み取ることが可能である。[※1]この方法は北朝鮮にも通用する。そもそも北朝鮮では、おそらく一般に考えられている以上に多くのガイドブックが発行され、改定が重ねられてきた。年間数百人程度で推移している日本人観光客数に鑑みれば、平壌で日本語のガイドブックが発行されるのは、観光が外貨獲得よりも体制宣伝に重きを置いていることの証左とも言えよう。

北朝鮮観光では個人行動が許容されず、定められたコースを案内員とともに見て回るのが原則になる。どの旅行会社、どのツアーを利用しても、参観地は大きく変わらない。そのような事情もあり、北朝鮮観光では他国以上に、ガイドブックと旅行記の誌上で実際の旅行を再現しやすい。

北朝鮮ガイドブックは、①北朝鮮で発行されたもの、②それに準じて朝鮮総聯が発行しているもの、③その他のガイドブック、に分類できる。本章では、そのような北朝鮮ガイドブックの概要と変遷を紹介していく。但し、北朝鮮では、朝鮮語や英語のほか各国語で様々なガイドブックが刊行されてきたため、検証の対象を主に日本語版ガイドブックに絞ることにする。

平壌において初めて日本語の観光案内が刊行されたのは、一九九一年のことであった。ソ連の影響を受けた社会主義諸国には、対外宣伝用に外国語書籍を出版する外国文出版社が存在したが、まさに平壌の外国文出版社から日本語で出版されたのが、**方完柱・黄鳳赫『朝鮮観光案内』（平壌：外国文出版社、**

一九九一年）である。同書は、北朝鮮の政治、経済、社会全般について紹介した方完柱『朝鮮概観』（平壌：外国文出版社、一九八七年）及び『平壌概観』（平壌：外国文出版社、一九八八年）を観光客向けに再整理したものであった。この『朝鮮概観』は、日本人観光客を受け入れ始めた一九八七年に出版された。第三章で見たように、一九九〇年代前半まではＪＴＢや近畿日本ツーリストといった大手旅行会社も北朝鮮ツアーを募集していた。なお、『平壌概観』日本語版は二〇一七年にも改訂版が刊行されている。

『朝鮮観光案内』の発行からわずか六年で、第二弾となる『朝鮮観光』（平壌：国家観光総局、一九九七年）が刊行された。体裁は前回と大きくは変わらないが、今度は朝鮮国際旅行社をはじめとした各旅行会社を指導、統括する、国家観光総局からの発行となった。一九九三年建立の「祖国解放戦争勝利記念塔」、一九九四年建造の「檀君陵」、一九九五年建立の「党創建記念塔」などが新たに紹介された。そのほか、唯一の「特級」ホテルだった平壌高麗ホテルに加え、四八階建ての羊角島国際ホテルも紹介されている。また、これらに普通江旅館を加えた、三つのホテルが日本人観光客の主な宿泊先となってきた。

初の日朝首脳会談が行われた二〇〇二年には、国家観光総局『朝鮮観光』（平壌：観光宣伝社、二〇〇二年）が刊行されたが、オールカラーだった前版までと比べ、モノクロでやや読みづらい。しかし、朝鮮国際旅行社の平壌本社のほか、北京、丹東、延吉、タイの海外事務所の連絡先も記されるなど、いくつかの新しい情報が盛り込まれていた。これは、「観光宣伝・広告用出版物、ビデオ映画、写真の制作・出版・普及を業務」とする、北朝鮮の観光宣伝社の発行である。

その後、平壌で発行された国家観光総局『朝鮮観光』（平壌：観光宣伝社、出版年不明〈二〇〇九年一一月入手〉）では、地方の紹介記事が大幅に復活し、金正日の実母・金正淑《キムジョンスク》の生誕地とされる会寧や西岸の海州、平壌北方の安州《アンジュ》、新義州、咸興など、当時日本人観光客が訪問しようとしても、なかなか要望が叶いづらい場所も紹介されていたが、その後いずれの地域も開放が進んでいった。その意味で、北朝鮮で発行される二〇〇〇年代終盤以降のガイドブックは、実際に参観できる場所に絞った現実的なものになりつつあった。

但し、北朝鮮観光が、専用車を利用して案内員とともに行動することを原則としているからなのか、観光地への行き方、入場料、ホテルやレストランの費用の目安についての言及はない。書籍の構成も一九九一年の『朝鮮観光案内』から大きく変化していない。海外で発行されている旅行案内書の水準を知らないままに発行され続けているのかもしれない。

同書はその後もマイナーな改定が重ねられた。朝鮮国際旅行社の代表メールアドレスが記載されるようになった朝鮮民主主義人民共和国国家観光総局『朝鮮観光』（平壌：観光宣伝社、二〇一二年）を経て、国家観光総局『朝鮮観光』（平壌：観光宣伝社、二〇一四年）は、装丁を除いて大きな変化が見られないが、張成沢国防委員会副委員長の粛清に伴って、同氏が主管していたとされる平壌民俗公園についての記述の上に紋繍プールの写真が貼られたり、同書に織り込まれた「平壌市中心部案内図」では平壌民俗公園が位置していた部分が切り抜かれるなど手作業で削除されている。二〇一八年には英語版で国家観光総局『DPR Korea Tour』（平壌：観光宣伝社、出版年不明〈二〇一九年六月入手〉）が出ており、最新の情報が盛り込まれたが、日本語版は未出版である。

写真23　北朝鮮で発行された日本語ガイドブック

日本人観光客が年間数十人から数百人、多くても三千人の少数で推移したにもかかわらず、日本語の北朝鮮ガイドブックが平壌で発行されつづけた事実は、注目に値する。一方、このような平壌発行のガイドブックでは、中外旅行社をはじめとする日本国内の旅行会社を全く紹介していない。朝鮮語版を基準に各国語で翻訳されているという事情もあるが、北朝鮮発行のガイドブックは実用性に欠ける。そもそも平壌発行の書籍は一般的には日本で流通していないという矛盾もある。近年ではインターネットでいくらでも北朝鮮観光に関する情報を検索することができるが、紙媒体の案内書では、一般の日本人が査証を申請する方法など日本人観光客が旅行前に必要とする情報が不足していたのである。『朝鮮豆知識8観光・投資』（平壌：外国文出版社、二〇一七年）も日本語で「朝鮮にはどんな観光資源があるのですか?」「朝鮮の主な観光地はどんな所ですか?」など九九項目もの疑問に答えているが、取扱旅行会社の連絡先すら記載していない。

平壌では、『開城』や『白頭山』のように主要観光地を個別に紹介した小冊子が多数発行されているが、これらにも日本語版が見られる。また、各地の観光地図を収めた『朝鮮観光地図帖』(平壌:朝鮮国際旅行社、一九九五年)も出版されている。

もちろんのこと、朝鮮語では、『朝鮮観光路程案内』(平壌:科学百科事典総合出版社、一九九三年)や『朝鮮観光問答』(平壌:朝鮮国際旅行社、一九九四年)などさらに詳しい資料が数多くある。「メアリ射撃館」「黎明通り」など個々の観光スポットを紹介したパンフレットやリーフレットも無数にある。

これら北朝鮮発行の資料は、日本でもレインボー通商やコリアブックセンターといった専門書店を経由すれば入手できた。しかし、日本政府が北朝鮮に厳しい経済制裁を課すようになってから、北朝鮮図書の輸入にも制限がかかっているため、新たな注文が難しい場合もある。コリアブックセンターは、朝鮮総聯の機関紙を発行している朝鮮新報社が運営していたが、二〇一九年三月一五日に閉鎖した。

※1　例えば、岩田晋典「渡航自由化以降に出版された海外旅行ガイドブックに関する基礎的研究」『立教大学観光学部紀要』第一二号(二〇一〇年)、五―三一頁。小牟田哲彦『旅行ガイドブックから読み解く明治・大正・昭和日本人のアジア観光』草思社、二〇一九年

朝鮮総聯が発行する準公式ガイドブックを読む

前項で触れた平壌で発行されているガイドブックのほかに、わが国でも比較的容易に入手できるものとして、朝鮮総聯が発行するガイドブックがある。準公式ガイドといえよう。

非売品の**学友書房編『繁栄するわが祖国―チュチェの国朝鮮・祖国訪問案内』（在日本朝鮮信用組合協会、一九八一年）**は、タイトルの通り在日朝鮮人が「祖国訪問」するための手引書であるが、観光案内も充実している。平壌のほか、その郊外の烽火里《ポンファリ》、白頭山、妙香山、元山、金剛山、信川、開城・板門店が日本語・朝鮮語併記で紹介されている。

日本人観光客受け入れ開始に伴い、それをオール日本語で再編集したものが**朝鮮新報社編『朝鮮民主主義人民共和国ハンドブック』（在日本朝鮮人総聯合会中央本部、一九八八年）**であった。各観光地のほか、料理・特産・工芸品、生活・風俗、政治・経済等についても多くのページが割かれている。「はじめに」の冒頭では、「近年、朝鮮民主主義人民共和国を訪問する外国人観光客が増えている」として、裏表紙には「朝鮮民主主義人民共和国国際旅行社日本総代理店」中外旅行社の広告が大きく掲載された。

『チュチェの国朝鮮―概観』（在日本朝鮮人総聯合会、一九八四年）と**『チュチェの国朝鮮―概観』（中外旅行社、一九八五年）**は、平壌で出版された『朝鮮概観』一九八二年度版を基礎に編集したものであり、観光ガイドの様相も呈している。

日本語による初の本格的な観光ガイドブックは、**朝鮮観光案内編集部編『朝鮮観光案内』（朝鮮新報社出版事業部、一九九〇年）**である。一九九一年に二版、一九九二年に三版と版を重ねた後、実際には公開されていない観光地を削除するなどの整理を行ったものが朝鮮新報社出版局『朝鮮―魅力の旅』(朝鮮新報社、一九九六年)であった。これらは、朝鮮総聯傘下の朝鮮新報社が独自に出版したことになっているが、実際には、同時期に北朝鮮で発行されたガイドブックと内容が非常に似通っている。

その後、日朝関係の停滞を反映してか長らく改訂版が出なかったが、二〇一二年四月に計九六ページとスリムになった月刊イオ編集部編『朝鮮―魅力の旅（改訂版）』(朝鮮新報社出版事業部、二〇一二年)というガイドブックが刊行されている。定価九〇〇円（税別）で、デザインも見やすく工夫されている。紹介されている観光地は、平壌、妙香山、開城（板門店を含む）、金剛山、白頭山、元山、七宝山、南浦、九月山・沙里院の九カ所である。前版と比べ、通信インフラの不備等によるトラブルが生じやすい羅先などは省かれている。改訂以前の版では、訪問が許可されづらい観光地やホテルも掲載されていたが、今回の改訂によって、相当程度実情に合った観光地、ホテル、食堂情報が概観できる実用的なガイドブックになった。

『朝鮮―魅力の旅（改訂版）』の内容をもう少し詳しく見てみよう。北朝鮮の動向を紹介した記事として、金日成生誕一〇〇周年の二〇一二年の完成を目指して建設された「一〇万世帯の住宅」が紹介されている。さらに「ヘルスセンターとスケート場」「民俗公園」、中央動物園の分園に位置づけられる綾羅島の「イルカ館」など、二〇一二年四月に一斉オープンした施設が掲載されている。

二〇〇二年以降一〇年間ほぼ毎年公演を続け、「世界最大、ギネスにも認定」されたマスゲーム「アリラン」を紹介しているほか、「リニューアルした劇場、映画館でチュチェ芸術を」と題して「ハイレベルな朝鮮の芸術を満喫しよう」と呼びかけている。

二〇一〇年六月にリニューアルオープンした「凱旋青年公園遊園地」の項は次のような内容が紹介されている。「バイキングやフリーフォール、各種ジェットコースターなどの最新アトラクションを楽しめる。オープンは一九時からで、連日、仕事帰りの市民たちで超満員状態だ。園内のところどころには、朝鮮はもちろん、各国のファストフードも楽しめる売店がある。また、夜間営業に合わせて地下鉄やバスなどの夜間運転も行われている」

変化を感じられるのは、二二頁に及ぶ「平壌グルメガイド」であろう。金正日政権末期から平壌では外貨食堂が急増したが、同地を行き来する在日朝鮮人や日本人に評判とされる店が網羅されている。平壌冷麺の本家、一九六〇年オープンの「玉流館」や犬肉専門店の「平壌タンコギ店」、平壌ツアーで頻繁に組み込まれる公演レストラン「民族食堂」やアヒル肉の「平壌オリコギ専門食堂」といった、従来からよく知られている食堂とともに、日本のメディアでもたびたび紹介された「イタリア料理専門食堂」や「大同江ビール工場」なども紹介されている。

しかし、このガイドブックは、実際に日本人観光客を送客する中外旅行社との緊密な連携が保たれない状態で発行された模様であり、改訂版以前の『朝鮮魅力の旅』や『朝鮮観光案内』で見られたような中外旅行社の案内や広告は掲載されていない。そのため、一般の外国人観光客には開放されていない朴《パク》斗善《トゥソン》愛国車奉仕事業所食堂なども載っており、実際に同書を手に平壌入りすると若干の混乱が予想されるのは難点である。

但し、このガイドブックを見るだけでも、平壌には新たな遊興施設や食堂が増加したことを確認でき、一九九〇年代の「苦難の行軍」期とは隔世の感がある。

どの国にでも言えることではあるが、公式ガイドブックは、ホスト側が良いと考える所、見せたい所を掲載する宣伝物であるため、それだけが北朝鮮の全体像ではない。しかし、注意深く読み解けば、首都・平壌市民の便宜を図るための施策なども垣間見られるのである。

英文で読める北朝鮮ガイドブック

海外旅行の日本語ガイドブックとして最も有名なのは、『地球の歩き方』（ダイヤモンド・ビッグ社）であろう。だが、同書の北朝鮮編は存在しない。既刊のバングラデシュやリビアなどと比べても、日本からの渡航者が極端に少ないからである。

マイナー地域のガイドブックは、他のメジャーな地域に付随するか、あるいは複数のマイナーな近隣地域との「抱き合わせ」で出版されることが多い。[※1]しかし、北朝鮮と韓国は事実上別個の国家として歩みを進めており、南北朝鮮を同時に訪問しようとする日本人はきわめて限定的であるため、別個に出版されるほうが観光客の利便性には貢献するだろう。

英文では三冊の優れたガイドブックが刊行されており、amazon.co.jpなどでも容易に入手可能である。こうした英文ガイドブックは、北朝鮮本国や朝鮮総聯が発行したものと並び、北朝鮮観光の状況を把握するのに有益である。

旅行ガイドの代表格といえる『ロンリープラネット』（Robert Storey and Alex English, *Korea*,

Hawthorn : Lonely Planet Publications, Hawthorn, 1998）は、従来韓国のみを扱っていたKorea編に北朝鮮に関する記述も含めている。加筆修正が重ねられ、二〇一九年には第一一版が出ている。『ラフガイド』（Norbert Paxton, *The Rough Guide to Korea*, New York : Rough Guides, 2008）も同様に北朝鮮に一章を割いて詳述している。

また、辺境地域のガイドに力を入れている『ブラッド』（Robert Willoughby, *North Korea*, Chalfont St.peter : Bradt Travel Guides, 2003）は、北朝鮮に特化したガイドブックとして二〇〇三年に刊行された。販売部数が好調なのか、二〇〇八年に第二版、二〇一四年に第三版、二〇一九年に第四版を刊行しており、世界で最も詳しい北朝鮮ガイドブックとなっている。初版が二三〇ページだったのに対し、著者がHenry Marrに代わった第四版は二七〇ページの分量を誇る。本書第一章では日本人観光客に開かれている観光地について紹介したが、そこで詳述しなかった平城、会寧、咸興、海州についての情報が得られるほか、平安南道の安州や咸興南道の赴戦《プジョン》などについての言及もある。

いずれも日本のガイドブックと違い写真の掲載は少ないが、北朝鮮で刊行されたガイドブックと異なり、宿泊施設やレストランの費用の目安も示されており、より実用的である。但し、同書は北朝鮮入国時に没収される可能性があることが付記されている。[※2]

他に、フランス語圏では『ロンリープラネット』に匹敵するとも言われる『プティフュテ』（*Corée du Nord*, Paris: Petit Futé, 2019）が北朝鮮編を刊行して、共同通信などがニュース化した。[※3] しかし、プティフュテはそれまでも韓国編の中で北朝鮮観光にも若干触れていた。一般情報や平壌、開城・板門店のような主要観光地のほか、海州、沙里院、会寧、珍しい所では慈江道の江界《カンゲ》や熙川《ヒチョン》についての言及も

写真24　最も詳しい北朝鮮ガイドブック『ブラッド』

ある。また、コリョ・ツアーズのような海外の旅行会社のほか、パリで朝鮮国際旅行社との連携を保っている Hello Pyongyang（https://hellopyongyang.fr）、さらに中国専門旅行社の La Maison de la Chine（https://www.maisondelachine.fr）が北朝鮮観光を扱っている旅行会社として紹介されている。[※4]

※1　前掲、岩田晋典「渡航自由化以降に出版された海外旅行ガイドブックに関する基礎的研究」、一二五頁。
※2　Henry Marr, *North Korea*, ed.4, Chalfont St.peter: Bradt Travel Guides, 2019, p.x.
※3　「フランス語初の北朝鮮観光案内有名ガイドブック刊行」共同通信、二〇一九年三月二〇日配信。
※4　*Corée du Nord*, Paris: Petit Futé, 2019, p.16.

主体思想塔から平壌市内を眺める

第六章

日本人は北朝鮮をどう観てきたか

――「旅行記」の歴史

日本人の対北朝鮮観の変化を知る

これまで、各国で数多くの北朝鮮旅行記が出版されてきた。その中には、たった一回の訪朝体験を綴った旅行記も含まれている。ただの一回、数日間訪問しただけでも出版につながるのは、北朝鮮観光がきわめて特殊だと考えられているゆえであろう。例えば、三泊四日のソウルツアーや台北ツアーに一度だけ参加し、その旅行記を出版社に持ち込む日本人がいるとは考えづらい。ソウルや台北の観光は、読者にとってとても身近な体験だからである。

前述の通り、一般の日本人が「観光」で北朝鮮を訪問できるようになったのは一九八七年からであるが、それ以前にも友好親善訪問や取材目的で訪朝した日本人による記録は数多い。本章では、それら北朝鮮旅行記のあらましと変遷を見ることにより、日本人の対北朝鮮観の変化の把握を試みる。

近年では、欧米各国での北朝鮮旅行記の出版が目立つ。[※1] また、中朝国境については、韓国で詳しいルポルタージュが出ている。[※2] それらすべてを網羅していると議論の焦点が絞りづらくなるため、ここでは日本で刊行された旅行記だけを対象とする。

※1　例えば、Stephen Harris, *Traveling Through North Korea: Adventures in the Hermit Kingdom*, Big Beaver Diaries, 2019.
※2　例えば、シンチャンソプ『北中辺境ルポ一三〇〇』ソウル：チェクパッ、二〇一六年。ファンジェオク『一三七六・五ｋｍ国境を歩く』ソウル：西海門チプ、二〇一五年。

北朝鮮礼賛一色だった一九五〇〜七〇年代

一九五〇年代末から七〇年代にかけて出版された北朝鮮旅行記は、北朝鮮礼賛一色だったといっても過言ではない。鄭大均『韓国のイメージ―戦後日本人の隣国観』（中公新書、一九九五年）は、そのような北朝鮮を礼賛する旅行記の数々を取り上げた先駆的業績であり、二〇一〇年には増補版も刊行されている。鄭によれば、**寺尾五郎『三八度線の北』（新日本出版社、一九五九年）**は「当時の朝鮮物の中では群を抜くベストセラー」であったという。[※1] 寺尾は、北朝鮮の雰囲気を次のように語る。「朝鮮にいると、あの大衆的な雰囲気の中で、いつの間にか妙に体を動かしてみたくなり、力いっぱい働いてみたくなるから不思議である。労働意欲という病気に感染してしまうのである」。さらに、当時のソ連や北朝鮮のスローガンをそのまま引用して、「ソ連はアメリカを追い越し、中国は英国を追い越し、朝鮮はその北半部だけで日本を追い越すとしたら、世界はどう変わるであろうか」とまで述べている。

当時は、一般の日本人には海外旅行が禁じられた時代であった。わが国で海外旅行が自由化されたのは、東京オリンピックが開催された一九六四年のことである。加えて、北朝鮮側も西側諸国からの「観光」による訪問を許容していなかった。そのため、識者、著名人といわれる人々や記者、政治家が北朝鮮を訪問して著した旅行記は大きな影響力を持っていた。もちろん、当時の研究書には北朝鮮社会の矛盾を指摘するものも見られた。だが、そのような「反動」人士に北朝鮮から査証が発給されるわけがなかった。

寺尾はその二年後にも訪朝し、**『朝鮮―その北と南』（新日本出版社、一九六一年）**を著している。ま

写真25　北朝鮮礼賛本が多数刊行された時代もあった

た、小田実は三週間の北朝鮮旅行を小田実**『「北朝鮮」の人びと』（潮出版社、一九七八年）**にまとめ、**同『私と朝鮮』（筑摩書房、一九七七年）**でもそのことに触れている。

　鄭は、寺尾と小田の著作を紹介しながら、両者は、「監視統制の網の目を若干かいくぐることに意義を発見するという幼児的性格で、読者に語るのは、その種の冒険談と残るは主席の国から頂いたプロパガンダの受売り」だと厳しく断じている。[※2] 彼らの言説が相互に似通っている背景として、北朝鮮が「外来客をもてなす方法やプロパガンダは基本的に同質のものであった」ことを指摘している。[※3]

　邦人記者による記録も出版されている。元祖は、**訪朝記者団『北朝鮮の記録―訪朝記者団の報告』（新読書社、一九六〇年）**であろう。共同通信、読売新聞、毎日新聞のほか、産経新聞記者も執筆に参加している。「軍隊とお巡りさんが見当らない」「家事労働から解放された婦人たち」「完備された休養施設」「至れり尽せりの孤児の待遇」といった、今では考えられないほどプラスイメージばかりの小見出しが印象的である。

また、金日成主席の生誕六〇周年に合わせて四月一五日刊行になっている太平出版社編『ルポルタージュ新しい朝鮮から』（太平出版社、一九七二年）は、朝日新聞、読売新聞、共同通信、毎日新聞、日経新聞等の記者による共著であり、まさに「北朝鮮みたまま」の感想となっている。安井郁・高橋勇治編『チュチェの国朝鮮を訪ねて』（読売新聞社、一九七四年）は、法政大学をはじめとした複数の大学教員らによる記録である。

当時、足繁く平壌に通い、北朝鮮に対して称賛を送っていたのは、なにも記者や研究者ばかりではなかった。青森県教職員組合執行委員長の秋元良治『私の訪朝走り書き』（青森教文社、一九六三年）は、報道関係者や専門家とは違った視点から訪朝体験を綴っている。日本社会党代議士らによる「日朝友好国民三百名使節団派遣運動」という市民運動についても詳細に記録しているほか、外務省や法務省への批判等が書き連ねられている。当時はまず空路で香港に向かい、香港より汽車で中国の広州へと向かい、北京から中朝国境の鴨緑江に向かっていた様子がわかる。北朝鮮への渡航は、現在でも北京や瀋陽などを経由するため時間を要するが、それでも当時に比べれば格段に短縮されたことを実感できる。

参議院議員・野末陳平『国会うら報告―北朝鮮印象記』（陳文館、一九七二年）は、自由民主党、日本社会党、公明党、日本共産党、民社党、二院クラブの各党による超党派の日朝友好議員連盟訪朝団の様子が描かれている。「香港、北京をまわって行くルート」もあるが、「連絡便のつごうで、北京より遠いモスクワをまわったほうが一日早く着く」ことが紹介されている。片道二日半がかりである。

藤島宇内編『今日の朝鮮』（三省堂、一九七六年）は、一九七四年、七五年に訪朝した作家や女優、衆議院議員、大学総長等による記録であり、各章の標題も「社会主義メルヘンの国」「主体思想で躍進する朝鮮経済」「大豊作を迎える朝鮮農業」などとなっており、「目で見たもの以外は信じない」と自らの主張に自信満々である。内容がプロパガンダ的に映るが、これらの旅行記は、必ずしも左翼的と見られている出版社から刊行されたものではない。読売新聞社や三省堂といった出版社も目に付くのが当時の特徴であった。

そのほか、山口久太『チョンリマの国朝鮮―朝鮮民主主義人民共和国』（東海大学出版会、一九七二年）のように、大学教員によって所属大学の出版社から刊行されたものもある。同書の冒頭には「キム・イルソン首相をたたえる」と題した、著者の詩が載っている。

これら単行本のほか、『別冊週刊読売―チュチェの国・朝鮮』（読売新聞社、一九七二年）といった雑誌の特集号等でも、訪朝した日本人の印象記が紹介されている。「私の見た北朝鮮」と題する、前述の野末陳平氏と「私は貝になりたい」の演出で知られる映画監督の岡本愛彦氏による対談のリード文は、「陳平さんが、朝鮮民主主義人民共和国を訪問したのは、わずか十日間。こんな短期間で、一国の印象をいうのも、なにかおこがましいが、ただ一つ、会う人々のみんなが建設の喜びに満ちあふれていたことだけは確かだと言う」から始まっている。また、同誌には多くの写真が掲載されており、「朝鮮の女性と子供たち―子供たち女性たちの笑顔の中に映る明るいお国ぶり」では、「列車内でサービスする女性はういういしく、しかもこまやかに気を配ってくれます。テッテ的に親切なのです。世界で一番親切な乗客係でしょう。日本の国鉄も見ならおう」といったキャプションが見られる。

一方、旅行記ではないものの、このような礼賛一色に警鐘を鳴らすものも見られた。代表格は、関貴星『楽園の夢破れて―北朝鮮の真相』（全貌社、一九六二年、復刻版は亜紀書房、一九九七年）である。在日韓国人による金允中『平壌見たまま聞いたまま―これが共産首都だ！』（KPI通信社、一九七三年）もある。しかし、このような本は圧倒的に少数意見だったことを忘れてはならないだろう。

この時代の特徴は、一九五九年に開始された在日朝鮮人の帰還運動と連動して、北朝鮮旅行記が読まれたことにある。[※4] インターネットどころかテレビも普及しておらず、海外旅行が身近なものではない時代、北朝鮮のみならず海外の様子を知る一つの有力な手段として旅行記が読まれていた。そして、旅行記は北朝鮮側の体制宣伝が有効に作用していたものが多かった。

※1　鄭大均『韓国のイメージ―戦後日本の隣国観』中公新書、一九九五年、一一〇頁。
※2　同書、一二〇頁。
※3　同書、一二三頁。
※4　菊池嘉晃『北朝鮮帰国事業―「壮大な拉致」か「追放」か』中公新書、二〇〇九年、一七五―一七七頁。

「客観的」訪問記の萌芽がみられる一九八〇年代

一九八〇年代にも北朝鮮に好意的な旅行本は数多く出版された。代表的なものに、日本最大の全国的労組中央組織として知られる総評（日本労働組合総評議会）の議長であり、「朝鮮の自主的平和統一支持国際連絡委員会副委員長」でもある、市川誠『朝鮮で見たこと考えたこと』（彩流社、一九八九年）、一九六九年からたびたび訪朝していた「日本委員会代表委員・事務局長」の若林ヒロシ『白頭山への旅』（雄山閣出版、一九八八年）、「金正日書記の生誕四四周年を記念してこの一篇を捧ぐ」と明記した小泉譲『北の貌―共和国紀行』（朝鮮青年社、一九八六年）などがある。

四一年ぶりに「生まれ故郷」を訪ねたという鶴見雄峰『若き朝鮮―わがふる里を訪ねて』（かまくら春秋社事業部、一九八一年）は、「郷里」の清津に向かう様子を「大きな荷物の世話やら身の回りの世話までしてくれる、これも全部無償奉仕で至れりつくせりで、私の方が恐縮する始末である。このような国が他国にあるだろうか、これ一つにしても偉大なる首領金日成同志の暖い《ママ》配慮のお蔭と感謝する。すべての仲間もそう思っていることであろう」などと描写している。

朝鮮総聯の日本人向け新聞『朝鮮時報』の記者による朴日粉編『明日に向って―日本人のみた素顔の朝鮮と金日成主席』（彩流社、一九八七年）は、訪朝した東京大学教授、早稲田大学教授、元東京都知事、元農林次官、国連大学副学長、滋賀県知事など錚々たる顔ぶれへのインタビュー、対談集である。斎藤正直編『朝鮮訪問記―未来にはばたくチュチェの国』（そしえて、一九八二年）は、朝日新聞記者や大学教授等との共著であり、石川昌『燃える国・チュチェ―ジャーナリストの見た北朝鮮』（未来社、一九八七年）は、毎日新聞記者によるものであった。いずれも北朝鮮に大変好意的な記述が続く。

宇都宮徳馬参議院議員の姪にあたる登山家、今井通子＋カモシカ同人隊『白頭山登頂記』（朝日新聞社、一九八七年）も北朝鮮に対して比較的好意的だが、冷戦期の日本の数次往復用一般旅券には、北朝鮮、中国、北ベトナム、東ドイツの四カ国が渡航先として除外されていたこと等が詳しく書かれている。

猪狩章『ビザのない旅券―朝鮮民主主義人民共和国の現実』（情報センター出版局、一九八一年）は、

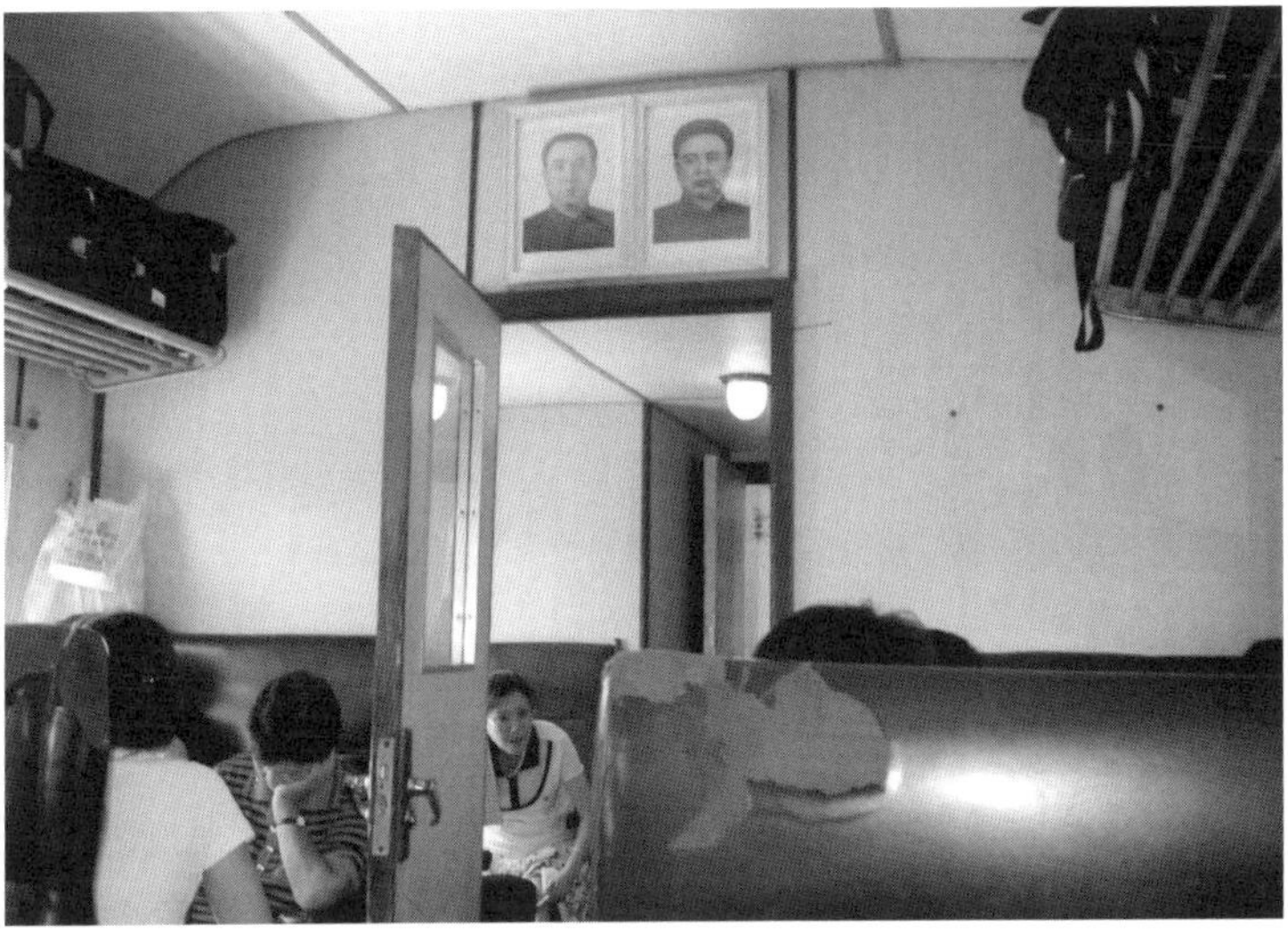

写真26　列車にも指導者の肖像画が

友好親善団体やマスメディアの主な受け入れ窓口となる朝鮮対外文化連絡委員会の招きで朝日新聞記者ら三名が一九八〇年に訪朝した際の記録であり、同年一〇月の朝鮮労働党第六回大会で金正日書記（当時）が初めて公の場に現れ、後継者としてデビューを果たした時の様子も描かれている。

さらに、日本人の手によるものではないが、金日成と親交があり一時期その庇護下にあったカンボジア国王、**ノロドム・シアヌーク（飯田良治訳）『わたしの見た朝鮮』（幸洋出版、一九八一年）**が「驚異的な経済発展」「全人民の享有する文化」を手放しで礼賛している一方、在日朝鮮人が「祖国訪問」の際に触れたことをまとめた**金元祚『凍土の共和国―北朝鮮幻滅紀行』（亜紀書房、一九八四年）**は、北朝鮮に対する礼賛一色に釘を刺して話題となった。二〇〇八年には新装版が出版されており、前述の

『楽園の夢破れて』と双璧をなす北朝鮮批判本である。

賞賛本と批判本の二項対立の中、あくまでもバランスを重視することでオリジナリティを保とうとしたと思われるのが、在米韓国人政治学者七名が一九八一年に訪朝した際の記録、**金鍾益ほか六名（小林圭爾・飯田学而訳）『北朝鮮見たまま―在米学者七人による』（コリア評論社、一九八四年）**である。その「むすび」は、「すべての国民が心の底から〝偉大な指導者〟を支持し崇拝しているのかという点については疑問が残るが、それにしても金日成のカリスマ的存在感が想像以上に強く感じられたことは事実だ」と結んでいる。北朝鮮から韓国への亡命者がほとんどおらず、「脱北者」という言葉すら存在しない時代の貴重な見聞録である。そして、「北朝鮮に出かける人へのアドバイス」として「一つは心を開くこと、いま一つは心を閉ざすこと」を掲げている。「市民と心を開きあい、かれらの極端な金日成崇拝に目をつぶるだけの度量も必要だが、一方では、警戒をゆるめない心の開き方、自分の主張は滅多なことではまげないという態度、北朝鮮のホストに好意を寄せることへの警戒心、などといった心構えも必要」だという。

さらに、旅行記ではないが、**『週刊朝日百科世界の地理―朝鮮民主主義人民共和国』（朝日新聞社、一九八五年）**は、一般日本人観光客の受け入れが開始される以前の渡航申請方法が簡潔に紹介されている。「先方の政府機関、文化団体の招へい状・電報を入手することが第一。それを持って外務省に旅券を申請する」「別に特別の旅券を発行してもらわなければならない」という。申請後「大体一カ月」後に受領した旅券を持って北朝鮮と「国交のある中国・北京に飛び、同地の共和国大使館で査証の発給を受け、はじめて朝鮮民航で北京からピョンヤンに飛ぶことができる。北京での査証入手に最低二日はみておく

写真27　北朝鮮の入国手続き風景。中国人観光客が行列をなしている

必要がある」とされる。朝鮮民航は、一九九二年一〇月に高麗航空に改称している。

同時期の訪朝事情については、写真集である久保田博二『朝鮮三十八度線の北』（教育社、一九八八年）や同『朝鮮名峰　白頭山　金剛山』（岩波書店、一九八八年）でも若干触れられており、魚塘『朝鮮新風土記』（三一書房、一九八四年）は、各観光地の様子を詳述している。

「観光」黎明期の一九九〇年代

一九八九年に東欧革命、ルーマニアにおけるチャウシェスク大統領夫妻の処刑、一九九〇年にソ韓国交樹立、東西ドイツ統一、一九九一年にソ連解体、一九九二年に中韓国交樹立と、冷戦終結前後の厳しい国際環境に置かれた北朝鮮にとって、隣国である日本から観光客を受け入れることは、体制宣伝と外貨獲得という両面から重要であった。

一時中断はあったものの、この時期北朝鮮は積極的な受け入れ姿勢を示し、ピークの一九九五年には一年に三〇〇〇名以上もの日本人観光客を受け入れた。当時の訪朝者数は、中国人に次いで日本人が多かった。北朝鮮観光が本格化したことに伴い、旅行記もいわゆる「親北人士」や研究者、ジャーナリストの十八番ではなくなってきた。以降、「観光」で訪朝した人達による旅行記を中心に見ていこう。

一般の観光客や後の旅行記に多大な影響を与えたと考えられるのが、**宮塚利雄『北朝鮮観光』（JICC出版局、一九九二年）**である。北朝鮮研究者の室岡鉄夫は、現代韓国朝鮮学会の学会誌において「宮塚には未踏分野で先鞭をつける功績が少なからずある」と評した。[※1]北朝鮮マニアの中には、宮塚の真似をして「自由行動」に出ようとしたり、金日成バッジを入手しようとした者も大勢いたのではないだろうか。筆者自身は、一九九一年に二回のツアーに参加しただけであるが、同書は主観的描写にとどまらず、ガイドブック的要素を兼ねているばかりか、初期の北朝鮮の日本人観光客受け入れ史についても要領よく整理されている。インターネット上で情報を得ることができなかった時代において、北朝鮮観光に関する情報は現在よりも格段に限定的であった。そのような中、同書は画期的なものであった。同書は文庫化**（宮塚利雄『誰も書けなかった北朝鮮ツアー報告』（小学館文庫、一九九八年））**されている。

また、この時期には著名な評論家、作家が訪朝して紀行文を発表するようになった。**関川夏央『退屈な迷宮――「北朝鮮」とは何だったのか』（新潮社、一九九二年）**は、一九八七年一〇月、一九八九年、一九九一年の計三回、いわば「北朝鮮マジカル・パッケージ・ツアー」に参加し、その様子を詳細かつ生き生きと描いている。渡航先が中国と北朝鮮のみに指定されていた一次旅券による初期のツアーの実態がよくわかり、同書も後に文庫化されている。

他に文庫化されたものとしては、石丸元章『平壌ハイ』（飛鳥新社、一九九九年）があり、関川の著作と同様に他のツアー参加者とのやりとりが興味深い。「日本人ツアー客二〇数人のうち半分は、テレビや新聞のニュースに触発されて生の北朝鮮に乗り込んでやろう、と意気込んでいるアマチュアのにわかジャーナリストだ。そういう連中は機内に乗り込んだ瞬間から、どうでもいい機内の装飾の様子やスチュワーデスの姿を狙って無言でビデオを回しはじめ、フラッシュをバシャバシャたき続けている。そりゃ、「撮影禁止」と釘を刺されているわけではないし、スチュワーデスは客に撮影されるのも仕事のうちだけど、でも、いくらなんでも、人の顔に三〇センチまで近づいてドUPで撮影するんだから、一言ぐらい声をかけるのが、一般的な礼儀というもんじゃないのかね」。たしかによく見る光景であり妙に的を射ている。日本人観光客には多くの北朝鮮マニア、近年の表現でいえば「チョソンクラスタ」が含まれることを端的に示しているともいえる。

放送作家の手によるテリー伊藤『お笑い北朝鮮─金日成・金正日親子長期政権の解明』（コスモの本、一九九三年）（復刻版はテリー伊藤『新版お笑い北朝鮮─ならずもの国家〝金正日王国〟の研究』（ロコモーションパブリッシング、二〇〇九年））の「第一次テリー伊藤訪朝団視察レポート」では、渡航申請書の職業欄に「放送」「出版」と書いたために一度は査証発給拒否に遭ったとのエピソードが盛り込まれている。北朝鮮関連書籍としては異例の二〇万部というベストセラーである。

写真28　名物「平壌ダック」の焼肉

その他、「観光」ではなく、ジャーナリスト訪朝団に参加した記者による記録、例えば山本展男『肉眼で見た北朝鮮』（毎日新聞社、一九九二年）、一九九六年の「ピースボート」主催ツアー参加者による畑中康雄『北朝鮮の旅―届かない心』（技術と人間、一九九七年）、韓国人の手による李忠烈（朴美淑訳）『北朝鮮見聞録』（ラインブックス、一九九八年、改訂版は二〇〇三年）も出版されている。これらを通読すると、一般日本人による「観光」であれその他の形態であれ、開放されている参観地や案内の形式等は似通っていることが分かる。

ユニークなものとして、JA京都中央会会長による都合五回の訪朝記録をまとめた中川泰宏『北朝鮮からのメッセージ―日本への警告を込めて』（家の光協会、一九九八年）では、協同農場の様子が垣間見られる。

この時期は、北朝鮮からの亡命者・脱北者による手記も多く見られるようになった。体制宣伝に飲み込まれず、むしろ批判的な視点による旅行記が出版された。拉致問題が浮上し、核・ミサイル開発問題とともに、日本における対北朝鮮イメージが急速に悪化していった時期であった。

※1　室岡鉄夫「日本における北朝鮮研究―二〇世紀最後の一〇年間を中心に」『現代韓国朝鮮研究』創刊号（二〇〇一年）、三〇頁。

旅行記が濫立した二〇〇〇年代

東京大学名誉教授の和田春樹氏は、一九九〇年代に「北朝鮮本の洪水」が起きたと表現したが[※1]、旅行記に関しては少しばかりタイムラグがあり、二〇〇〇年代に入って濫立するようになった。販促のためにタイトルが過激になる傾向も見られる。

著名人、ジャーナリスト、写真家による訪朝記、ルポは引き続き出版された。**山本皓一『来た、見た、撮った！北朝鮮』（集英社インターナショナル、二〇〇三年）**は、「観光」を含め延べ七回の訪朝を整理したものだが、一九九五年の訪問時に「この頃から街を行き来するひとたちの表情は暗く沈み込み、私たち外国人に対する目付きや素振りは厳しくなったように感じ」「二〇〇二年一一月には、平壌随一の観光名所である凱旋門の前で街頭写真のおばさんにまでスナップ撮影を手ひどく拒否された」ことなどが語られている。

報道写真家によるサイクリングツアー参加の記録、**山本将文『北朝鮮激撮！―拉致と飢餓の真相にせ**

まる』（扶桑社、二〇〇二年）と同『私が追った逆境の韓国・朝鮮人』（イーストプレス、二〇〇五年）は、北朝鮮観光につきものの旅程・ルート変更の様子も詳細に記録されている。事前に申請しておいた訪問地が現地で拒否され、日程変更を強いられるケースは頻繁にある。

他に、雨宮処凛『悪の枢軸を訪ねて』（幻冬舎、二〇〇三年）、テッサ・モーリス＝スズキ（田代泰子訳）『北朝鮮で考えたこと』（集英社新書、二〇一二年）、三好誠『この目で見た北朝鮮―凶悪なる首領の国の現実』（早稲田出版、二〇〇二年）、桑原史成『イムジンガン―垣間見た北朝鮮』（草の根出版会、二〇〇三年）などもある。

樋口裕一『旅のハプニングから思考力をつける！』（角川oneテーマ21、二〇〇六年）やMASAKI『独裁国家に行ってきた』（彩図社、二〇一五年）のように、単行本の一部に北朝鮮旅行記が所収されるケースも散見される。小牟田哲彦『全アジア航路を行く』（河出書房新社、二〇〇九年）は、韓国発の金剛山観光に一章を割いている。

一方、「普通の人」であることを売りにした旅行記が増えたことは、二〇〇〇年代の特徴であろう。「ニュースなどで語られる北朝鮮は、その語り手がジャーナリストであったりカメラマンであったりと、いわゆる『普通の人』ではない」「俺は『普通の人』である。そんな人種が実際に見てこそ、飾らない国の姿が見えるのではないか」と前置きした与田タカオ『北朝鮮の歩き方―未知の国からの招待状』（彩図社、二〇〇五年）は、オーソドックスな観光コースを回っている。「北朝鮮に行って初めて分かったこと」として、「ツアーのガイドはクリスチャン・ディオールの服を着ている」「ホテルやお土産屋はユーロ表示、円が使えおつりはユーロ」「プリクラがある」などが挙げられている。

他に、誰が訪朝したかをタイトルに掲げて差別化を図ろうとしたものとして、宮本ゆかり『ブッ跳び主婦北朝鮮へ行く！』（新風舎、二〇〇三年）、谷合規子『フツーのおばさんが見た北朝鮮―凍える国にも、いつかは春が』（元就出版社、二〇一〇年）、やまだおうむ『風俗ライターが行くわくわく北朝鮮ツアー』（英知出版、二〇〇五年）、大西憲一『ソウルは今日も晴れのち嵐―商社マンの見た韓国・北朝鮮』（東洋書店、二〇一〇年）がある。

アジア諸国の旅行記を出版している女性ライターによるのなかあき子『北朝鮮行ってみたらこうなった。』（インデックス・コミュニケーションズ、二〇〇六年）もある。そもそも北朝鮮を旅行先に選んだり、その経験を出版にこぎつけることがどの程度「普通」なのかはわからない。「観光」が始まった当初に比べれば相当に廉価になったとはいえ、三泊四日で二〇万円前後の費用を要するにもかかわらず訪朝する人々は、その多くがウォッチャーやマニア、元朝鮮半島居住者、それに秘境愛好家ではなかろうか。リピーターが多いのも特徴である。

わずか一回もしくは数回の北朝鮮観光での経験則のみに基づいた出版が大多数を占める中、北朝鮮に何度も足を運んだ著者による二冊の新書は、検証のしがいがあるものであった。薄木秀夫・アジア・ウォッチ・ネットワーク『強面国家・北朝鮮の化けの皮』（講談社プラスアルファ新書、二〇〇九年）は、「観光」で足繁く訪朝して得ることのできた貴重な記録であり、タイトルに反して客観的な記述が心がけられている。これと同様のコンセプトで出版されたのが吉田康彦『北朝鮮を見る、聞く、歩く』（平凡社新書、二〇〇九年）であり、友好訪問で何度も平壌に通った著者が、北朝鮮の見せたい所をそのまま紹介している。

写真29　北朝鮮の列車（地方駅のプラットホームにて撮影）

「観光」ではないが、金正恩政権下の北朝鮮でフィールドワークを重ね、東京大学で博士号を取得した著者による、文聖姫『麦酒とテポドン―経済から読み解く北朝鮮』（平凡社新書、二〇一八年）も挙げられよう。二〇年間にわたるフィールドワークをもとに「都市論」から北朝鮮を論じた、荒巻正行『巨人の箱庭―平壌ワンダーランド』（駒草出版、二〇一八年）は、情報量が豊富であり、多くの写真を載せている。北朝鮮取材における規制については、鴨下ひろみ『テレビに映らない北朝鮮』（平凡社新書、二〇一八年）が触れている。

在日朝鮮人による「祖国訪問」については、金日宇・金淑子『私のピョンヤン訪問記―快適な共和国旅行の仕方』（一粒出版、二〇〇九年）、朝鮮学校の北朝鮮への修学旅行の様子については『朝鮮学校がある風景』編集部編『今どきの朝高生と朝鮮　ピョンヤン&白頭山　2017

年夏』（一粒出版、二〇一七年）が渡航手続きも含め詳細な記録を残している。

また、初沢亜利『隣人。三八度線の北』（徳間書店、二〇一二年）、同『隣人、それから。三八度線の北』（徳間書店、二〇一八年）は、取材許可を得て撮影された写真集であるが、必ずしも北朝鮮側が宣伝したいものだけを紹介しないよう腐心した様が窺え、微妙な社会変化が捉えられている。写真集としては、南北朝鮮の比較の視点を取り入れた菱田雄介『border korea』（メディア・パル、二〇一七年）、長谷川昭『知られざる北朝鮮 THE REAL NORTH KOREA』（リーブル出版、二〇一四年）もある。

但し、北朝鮮旅行記の出版は、二〇一〇年代に入ると目に見えて減少した。出版不況のほか、旅行記を容易にウェブ上へアップできるようになったことが関連していよう。個人ホームページ、ブログ以外にも、例えば「フォートラベル」には、二〇一九年五月末日現在、延べ二四〇件もの北朝鮮旅行記が掲載されている。[※2]それらの中には北朝鮮に「潜入」したといった武勇伝的な記述も見られるが、第二章及び第三章で既に見てきたように、実態はいずれも観光「ツアー」に参加しただけの内容である。

また、単なる渡航記録を越えて、特定のテーマに沿って整理された単行本も散見される。とりわけ目立つのは鉄道分野である。DVDを付した国分隼人『将軍様の鉄道―北朝鮮鉄道事情』（新潮社、二〇〇七年）や小牟田哲彦『鉄馬は走りたい―南北朝鮮分断鉄道に乗る』（草思社、二〇〇四年）は、資料を丹念に収集しており驚くべき充実ぶりを見せている。小牟田哲彦『アジアの鉄道の謎と不思議』（東京堂出版、二〇〇五年）も北朝鮮鉄道事情に一章割いている。

旅行記ではないが、北朝鮮に特化した朝鮮語会話集、西嶋龍『旅の指さし会話帳―北朝鮮』（情報センター出版局、二〇〇三年）は、北朝鮮の用語に精通した複数著者によるもので秀逸であるが、北朝鮮国内に持ち込むことができない。[※3] 前述の英文ガイドブックと同様のジレンマを抱えている。

二〇〇〇年代は、『文藝春秋』二〇〇二年一一月号で「大笑い北朝鮮観光案内―匿名座談会」と題する特集記事が掲載される等、北朝鮮観光にも注目が集まった時期であった。

さらに、南北の軍事境界線付近を歩く韓国の「安保観光」のルートを追い、南側から金剛山や開城に入ったルポも含めたものとして、小田川興『38度線―非武装地帯をあるく』（高文研、二〇〇八年）がある。朝鮮革命博物館や祖国解放戦争勝利記念館、信川博物館の様子については、約四〇回の訪朝経験があるジャーナリストによる伊藤孝司『朝鮮民主主義人民共和国―米国との対決と核・ミサイル開発の理由』（二〇一八年、一葉社）の第一章「朝鮮は米国をどうみているか」が詳しい。

また、「観光」による渡航ではないが、平壌滞在中に拘束された邦人記者による手記、杉嶋岑『北朝鮮抑留記―わが闘争二年二カ月一九九九年一二月―二〇〇二年二月』（草思社、二〇一一年）もある。

露骨な礼賛旅行記は単行本としてはまず見られなくなったが、『金日成・金正日主義研究』（旧『キムイルソン主義研究』）や『統一評論』『月刊イオ』といった雑誌に掲載される訪朝記事では友好親善訪問の様子や在日朝鮮人の「祖国訪問」の様子を垣間見ることができる。

本章では単行本で出版されたものを紹介したが、北朝鮮観光の記録で雑誌に収録されたものは多数存在する。[※4] とりわけ宮塚コリア研究所が二〇一三年から発行している雑誌『祝杯』には、馬息嶺スキー場でスキーを楽しんだ訪問客の旅行記や元山国際航空親善航空ショーの参観記なども掲載されている。

※1　和田春樹「北朝鮮ネガティヴ・キャンペーンを読み解く」和田春樹・高崎宗司編著『北朝鮮本をどう読むか』明石書店、二〇〇三年、七―二九頁。
※2　「北朝鮮の旅行記・ブログ」フォートラベルホームページ（https://4travel.jp/os_travelogue_list-country-north_korea.html）、二〇一九年五月三一日最終確認。
※3　「平壌空港の新ターミナルで『旅の指さし会話帳』が没収される」「ニッポンのインバウンド〝参与観察〟日誌」ウェブページ（https://inbound.exblog.jp/24951243/）、二〇一九年五月二七日最終確認。
※4　例えば、堤祐輔「私の朝鮮観光一二年史」『祝杯』第五号（二〇一五年）、四九―五四頁。崔吉城「北朝鮮・金剛山観光参加記」『東亜大学紀要』一〇号（二〇〇九年）、五九―六三頁。

北朝鮮情報源としての観光の限界

本章では、日本で出版された北朝鮮旅行記の記述を年代ごとに整理することによって、日本人の対北朝鮮観の変化を垣間見た。一九五〇年代末から七〇年代にかけて出版された北朝鮮旅行記は、礼賛一色だったといっても過言ではない。海外旅行が身近でなく情報が不十分な時代、これらの旅行記は日本人の対北朝鮮イメージに大きな影響を与えた。

一九八〇年代にも同国に好意的な旅行記が数多く出版されたが、批判的な視点も加味し、バランスを重視することでオリジナリティを保とうとした出版物も見られた。

一九九〇年代になると、冷戦終結という厳しい国際状況に置かれた北朝鮮にとって、隣国である日本から観光客を受け入れることは、体制宣伝と外貨獲得という両面からますます重要となった。観光客の受け入れが本格化するとともに、多様な旅行記が出版されたが、北朝鮮について冷ややかに見るものが多い。

日本人の対北朝鮮観は、半世紀の間にプラスイメージからマイナスイメージへと大転換したことになる。その背景に日本人拉致問題と核・ミサイル問題があることは疑いようがないが、本章では因果関係まで考察することができなかった。

金正恩政権下ではますます観光事業が重視される一方、北朝鮮情勢や日朝関係の動向によって訪朝客が大幅に増減するという状況は変わらない。日朝間の「ストックホルム合意」に伴い、二〇一四年七月には日本政府による北朝鮮渡航自粛勧告が解除されたが、その後の核実験、ミサイル実験で対北朝鮮制裁は再び強化された。そのような状況下にあって、北朝鮮旅行記は、限定的な情報ではあるが、今後も北朝鮮情勢や日朝関係を把握するのに有益なものとなろう。「百聞は一見に如かず」は、漢書の故事成語が由来だが、朝鮮語だと「百聞が《ペンムニ》不如一見《プリョイルキョン》」と言い、同じ意味を持つ。実態が分かりづらいとされる北朝鮮にこそ足を運んで自らの眼で確かめる、という姿勢は重要であろう。

しかし、観光を通じて北朝鮮の実態を把握する試みには、効用とともに限界があることも再確認しておく必要がある。

第一に、北朝鮮に行ったからといって知りたいことが容易にわかるわけではない。もちろんのこと、他の外国に「観光」で訪れても同様のことはいえる。外国から来た客人に対してできるだけ良いところを見せようとの思いはどの国にでもあろうが、北朝鮮は他の国とは比較にならないほどその傾向が強い。

北朝鮮観光に際しては、旅行会社が日程を組んで参加者を募る「企画旅行」「主催旅行」であれ、顧客自ら日程を組んで旅行会社に手配を依頼する「手配旅行」であれ、事前に詳細な日程を確定してから

写真30　平壌にある老舗のホテル「高麗ホテル」

入国査証申請を行うことになる。往復の交通機関はもちろんのこと、具体的な訪問地、宿泊先も事前に申請しておかなくてはならない。つまり、自由気ままな旅行は許されておらず、宿泊先などを公的な旅程表に記載した、旧ソ連式の「バウチャー型旅行」がいまだに維持されているといえる。日程変更が難しい「バウチャー型旅行」は、旧ソ連のほか、その影響を受けた東欧諸国等でも見られたものである。

平壌の鉄道駅や空港では案内員が外国人観光客を出迎える。そして全日程をこの案内員とともにめぐることになる。彼らは、外国社会と北朝鮮社会の大きなギャップを補完するために存在する。たとえ朝鮮語を解し案内員を不要と考えていても、案内員の同行は必須である。しかもこの案内員は必ず複数である。一人の旅行であっても二〇人の団体であっても最低二人の案内員が付き、専用車で旅することになる。同じ

「バウチャー型旅行」といっても旧ソ連より厳格であり、結果的に費用も高額で、バックパッカーには敷居が高い。

首都平壌は、北朝鮮の総人口の一〇%程度、中心部に限っては二%程度しか居住していないが、地方より格段に発展し、「ショーウインドー」と揶揄されることもあった。観光による入国では、その平壌でさえ案内員なしで自由に歩き回ることは禁じられてきた。早朝にホテルをそっと抜け出して散策していたら、一〇分もせずに案内員が追っかけてきた、といったエピソードはいくらでもある。

北朝鮮を訪問する日本人は概して好奇心旺盛であるためなのか、過去に出版された旅行記の影響なのかはわからないが、北朝鮮側が観光に理想的だと思っている、すなわち体制宣伝に資する場所だけを見せようとしても、わざわざ同国の「恥部」を写真に収めようとする者も多い。それが案内員に見つかろうものなら制止されて、デジタルカメラであれば画像の削除を促がされるのが当たり前の光景であった。

北朝鮮の人々を使って独自取材を続ける、石丸次郎氏による新たなスタイルのジャーナリズムが、外国人の目につく平壌市中心部から背嚢を背負った人々が排除されている様子などを多くの写真とともに報じている。[※1]観光客が目にすることのできる美しく整然とした市内と、その裏で行われていることの双方を見た上で現状を判断する必要があるが、観光では後者にアプローチしづらいのが難点である。

第二に、そもそも査証発給拒否がありうる、ということを確認しておく必要もあるだろう。査証は、大使館や総領事館といった在外公館がその国に入国しても良いとする外国人に対して発給するものであり、日本政府も多くの国々からの観光客に対して査証の事前取得を要求している。日朝間には国交がないため、日本人観光客は、北京、瀋陽、ウラジオストク（二〇一六年四月以前は在ナホトカ北朝鮮総領事館が管轄）等において観光査証を取得することになる。前述の通り、時期ないし団体によって一律に査証が拒否されるケースのほか、一つの団体の中で一、二名だけ拒否されるというケースも見られる。

筆者自身も一九九三年夏に訪朝しようと団体ツアーに申し込んだが、核問題による情勢悪化を理由に外国人観光客の受け入れ自体が拒否されてしまった。一律拒否であった。一九九〇年代における北朝鮮の日本人観光客の受け入れは、国際環境や日朝関係の悪化を理由として中断と再開を繰り返していたのは前述の通りである。

その後、一九九七年夏に複数の大学教員ならびに大学院生で訪朝しようとしたことがあったが、この時は一名のみが出発わずか数日前になって査証発給拒否に遭ってしまった。その際は「わが国（北朝鮮）に対する言動が悪いため」という理由が付された。いずれも「観光」旅行であるにもかかわらずである。さらに、「観光」ではないものの、二〇一二年四月末から五月初旬にかけての訪朝団では、筆者を含む数名の研究者、ライターに対して査証が拒否された。拒否された本人には全く理由が告げられなかった。

これらは、北朝鮮が外貨獲得よりも体制宣伝を優先していることを示すものと言える。

※1　「『美しき平壌』のからくりを撮った」『リムジンガン―北朝鮮内部からの通信』第六号、アジアプレス・インターナショナル出版部、九八―一〇七頁。

おわりに

筆者がバックパックを背負って海外へ一人旅に出始めたのは高校一年の夏であった。その後、中国、モンゴル、カンボジア、ラオス、キューバ、東欧諸国など北朝鮮の友好国を渡り歩いてきた。貧乏旅行に体力が追いついた大学生時代には、たとえ行き先がシリアのような遠方であっても、往復航空券や滞在費を全て入れて一〇万円もあれば旅行できたが、北朝鮮への渡航は工夫のしようがなく高額の費用を要した。一週間の北京経由平壌・開城団体ツアーに参加した総額が、一カ月間のヨーロッパ一周旅行とほぼ同額であったことをよく覚えている。

金日成主席が死去した一九九四年に初めて北朝鮮を観光で訪れて以来、ＫＥＤＯ（朝鮮半島エネルギー開発機構）での公用出張も含めて十数回足を運んだ。短期間の訪朝を記録に残したものは、本書で紹介した出版物のほか、インターネット上にも数多いが、筆者の経験から大きくかけ離れたものは見うけられない。それはつまり、一般の日本人が北朝鮮で見聞できるものはまだまだ限定的だということである。

そのような中、一九九〇年代に比べ日本人渡航者は激減した一方で、北朝鮮観光に関する情報は溢れるようになった。それらを素材として整理したいと考えてきたが、ようやく実現することができた。

本書は、これまで日本観光研究学会、日本観光学会のほか、韓国観光公社主催シンポジウム、世界北朝鮮学学術大会などで報告した内容が基礎となっている。次の各章については、これまでに発表した論稿を大幅に加筆修正したものである。

第二・三章「金正恩政権初期の北朝鮮観光」『紀要国際情勢』八九号、二〇一九年、一七―三〇頁。

「北朝鮮の日本人観光客受け入れ」『国際観光情報』二〇〇七年四月号、七―一六頁。

「多様化する北朝鮮観光とその問題点」『国際観光情報』二〇〇七年五月号、一四―二二頁。

第四章「北朝鮮・開城観光事業―中断までの軌跡」『紀要国際情勢』七九号、二〇〇九年、八五―一〇二頁。

第五・六章「北朝鮮観光案内・旅行記変遷史」小倉紀蔵編『新聞・テレビが伝えなかった北朝鮮―市民経済と大衆文化が明らかにする真実の姿』角川書店、二〇一二年、二二三―二五七頁。


本書では、南北経済協力の目玉の一つであった金剛山観光、中国や欧米からの観光客の動向については十分に掘り下げることができなかった。インバウンドによる外貨獲得の規模がいかほどのものか明らかにすることもできていない。外国人観光客の受け入れが北朝鮮の体制宣伝と外貨獲得に一躍買っていることは間違いないが、一方で観光客の増加による北朝鮮側のデメリットについては考察するだけの材料が揃っていない。

たとえ行動制限のあるツアー形式の受け入れであっても、人的往来の拡大は相互理解とともに情報の流出入拡大につながりうる。近年は中国人観光客の急増により、彼らを受け入れるレストランの一部従業員は士気が下がり、サービスの質が低下しているようにも見えるが、北朝鮮側の懸念については把握しづらい。北朝鮮観光の、より総体的な姿を探求することは残された課題である。

本書執筆にあたり、日本、北朝鮮のほか、中国、韓国、米国など各国の北朝鮮観光関係者が意見聴取に応じてくれた。ご迷惑をお掛けしないためにも逐一お名前を挙げることをしないが、深く御礼申し上げたい。筆者が一九九〇年代に収集したＪＴＢや近畿日本ツーリストなど大手旅行会社の北朝鮮ツアーパンフレットの画像を掲載したかったが、許可を得ることができなかったのは誠に残念である。そのような中で、諸般のリスクを伴いながらも掲載を認めてくださった一部の旅行会社には感謝している。

小此木政夫先生をはじめとする先生方、先輩方には、主専攻である北朝鮮政治体制の研究で学恩に報いるべきであるが、今回は趣味が高じて観光分野での出版となったことをお許しいただきたい。北朝鮮観光研究について長年支援してくださった小針進先生、澤田克己さん、出版にあたり随時的確なご助言をくださった毎日新聞出版の名古屋剛さんにも感謝申し上げる。本書の一部は、ＪＳＰＳ科研費及び慶應義塾大学学事振興資金の成果でもある。

多様な資料に基づき、できる限り客観的な記述を心掛けたつもりではあるが、北朝鮮観光の意義と限界の双方に踏み込んでいるため、筆者の見解に賛同できない部分もあろう。筆者の力量不足でもあるが、北朝鮮をめぐっては、どなたにも受け容れられるような議論を展開するのはきわめて困難である。

二〇一九年六月

礒﨑敦仁

[著者紹介]

礒﨑敦仁 (いそざき・あつひと)

慶應義塾大学准教授。1975年東京都生まれ。慶應義塾大学商学部在学中、上海師範大学で中国語を学ぶ。慶應義塾大学大学院修士課程修了後、ソウル大学大学院博士課程留学。在中国日本国大使館専門調査員、外務省第3国際情報官室専門分析員、警察大学校専門講師、東京大学非常勤講師、ジョージワシントン大学客員研究員、ウッドロー・ウィルソンセンター客員研究員などを歴任。総合旅行業務取扱管理者。共著に『新版 北朝鮮入門』(東洋経済新報社、2017年)、共編に『北朝鮮と人間の安全保障』(慶應義塾大学出版会、2009年)ほか。

北朝鮮《きたちょうせん》と観光《かんこう》

印　刷　2019年7月15日
発　行　2019年7月30日

著　者　礒﨑敦仁《いそざきあつひと》

発行人　黒川昭良

発行所　毎日新聞出版
〒102-0074　東京都千代田区九段南1-6-17　千代田会館5階
営業本部:03(6265)6941
図書第二編集部:03(6265)6746

印刷・製本　図書印刷

ISBN978-4-620-32593-4